KB068808

물류 Logistics Simulation

시뮬레이션

AutoMod® 활용방법을 중심으로

박영사

이 교재는 국토교통부 물류특성화 인력양성사업 지원에 의하여 발간되었음.

머리말 Preface

    AutoMod®를 이용한 시뮬레이션 과목을 강의하는 과정에서 느껴온 가장 큰 아쉬움은 학습의 필요성이나 희망에 비해서 이를 만족시킬 수 있는 지침서나 학습서가 너무나도 부족한 현실이었다. AutoMod® 사용방법에 대해서는 사용자가 활용할 수 있는 영문 매뉴얼이 제공되고는 있지만, 현실적으로 두터운 영문 매뉴얼을 뒤져가면서 시뮬레이션 소프트웨어의 사용방법을 숙지한다는 것 또한 그리 쉽지는 않은 것 같다. 물류현장에서 발생하는 수많은 문제점들이나 의사결정사항을 시뮬레이션 기법을 활용하여 해결할 수 있는 여지가 충분히 있음에도 불구하고, 물류업계 종사자들이 쉽게 이러한 기법을 현장에 적용하지 못하는 이유 중의 하나도 그러한 배경이 있으리라 생각된다. 시뮬레이션 기법을 활용한 물류시스템의 개선이 일부 전문가들에 의해서만 이루어지는 것이 아니라, 보편화되고 일반화될 필요가 있다는 생각 또한 마찬가지이다. 따라서, 물류시스템 개선에 관심이 있는 누구나 쉽게 활용할 수 있는 지침서나 학습서가 하나쯤 있었으면 하는 생각을 하게 된 배경이 그러하였다. 저자가 AutoMod®를 처음 학습하던 그 당시에도 그러한 마음이 간절하였던 것으로 기억된다.

    본 교재를 구성하는 과정에서는 학습자가 쉽게 활용할 수 있도록 시뮬레이션 모델의 개발단계별 방법을 최대한 상세하게 설명하고자 하였다. 또한, 최대한 물류현장에서 발생하는 문제상황과 연계하여 시뮬레이션 모델의 구성 시에 고려해야 할 내용들을 포함하도록 노력하였다. 본 교재는 크게 다음과 같은 세 가지의 모듈 단위로 구성되어 있다.

    Part 1에서는 물류시뮬레이션 방법론에 대한 개략적인 설명내용을 포함하고 있다. 시뮬레이션의 정의 및 일반적인 수행단계에 대한 내용들을 담고 있다.

    Part 2에서는 실질적으로 AutoMod®를 사용하여 다양한 형태의 시뮬레이션 모델을 구성하는 절차나 구현방법에 대한 내용에 대해서 설명하고 있다. 실제의 시뮬레이션 소프트웨어에 해당하는 화면을 각 단계별로 최대한 상세하게 포함하여 본 교재를 활용하여 시뮬레이션 모델의 구현이 가능하도록 주요 시스템 모듈 단위로 개발방법을 구성하였다.

　　Part 3에서는 AutoMod®를 활용하여 구성된 가상의 시뮬레이션 모델에 대한 문제설명, 시뮬레이션 모델의 구성형태 및 상세 개발 source code형태를 수록하였다.

　　본 교재의 구성취지에 맞게 구성된 내용이 AutoMod®를 활용한 시뮬레이션 기법을 학습하고자 하는 모든 분들에게 유용하게 활용될 수 있는 지침서가 될 수 있기를 기대해본다.

　　아울러 본서의 출판에 온갖 정성과 노력을 기울여 주신 박영사 여러분께도 깊은 감사를 드린다.

2013년 12월 23일

김 태 복

차 례 Contents

Part 3 >> AutoMod® 구현예제

1

물류시뮬레이션 개요

물 / 류 / 시 / 뮬 / 레 / 이 / 션

CHAPTER 01 시뮬레이션 기법 소개

일상생활에서 우리는 아직 발생하지 않은 또는 발생하지 않을 수도 있는 사건 (Event)을 예측하거나 가상해서 그러한 사건이 발생하였을 경우에 대한 영향도를 미리 추정하는 경우가 흔히 있다. 즉, 발생 가능한 경우의 수를 먼저 생각해볼 것이고, 각 경우(또는 대안)에 대한 장·단점(또는 손익)을 분석하게 되고, 이러한 경우(또는 대안)별 예상치를 기준으로 가장 합리적일 것으로 판단되는 대안을 선택하게 될 것이다. 이와 같은 문제해결방식은 일상적인 생활에서도 흔히 경험해볼 수 있는 상황일 것이다. 간단하면서도 직감적인 이와 같은 방식에서 가장 중요한 것은 1) 발생가능한 경우(또는 선택가능한 대안)에 대한 정의를 얼마나 상세하고 정확하게 할 것인가? 와 2) 각 경우가 갖는 손익(Profit or Loss)에 대한 추정치를 얼마나 정확하게 산출할 것인가? 가 될 것이다. 예를 들면 다음과 같은 다양한 경우를 생각해 볼 수 있겠다.

>> 가상사례 1

고등학생인 A는 부모님으로부터 한 달에 10만원의 용돈을 받고 있다. 이 용돈으로는 주로 통학을 위한 교통비, 간식비, 간단한 학용품의 구매를 위해 지출하고 있다. 최근까지는 이 용돈으로 아주 넉넉하지도 않고 부족하지도 않은 정도로 사용하고 있다. 그러나, 한 가지 고민거리가 생겼다. 다름이 아니라, 이번 달에는 친한 친구들 중 2명의 생일이 예정되어 있다. 비싸지는 않지만 간단한 선물이라도 전해주고 싶은 A는 친구들의 선물을 마련하기 위한 비용을 생각해보니 본인이 활용할 수 있는 10만원 내에서는 상당히 빠듯한 상황이다. A는 부모님으로부터 추가적인 용돈을 받지 않는다는 전제하에서 이번 달의 용돈사용을 어떻게 하는게 좋을지 고민중이다. 현 상황에서 가능한 대안은 교통비를 제외하고 절대적으로 필요하지 않은 비용지출을 절제하는 방법외에는 마땅한 대안이 없을 것으로 판단되었다. 또한, 이러한 경비절약은 친구들에게 어떠한 선물을 전달하느냐에 따라 다양한 경우의 수가 있다는 것을 알았다.

🔍 >> 가상사례 2

인천에 위치한 기업체의 B팀장은 분기에 한번씩 팀원들과 1박2일의 야유회를 진행하고 있다. 야유회 경비의 일부는 회사의 지원을 받으므로 나름 야유회 경비상의 문제는 크게 없다. B팀장을 포함하여 총 10명의 직원들이 이번 야유회에 참석할 예정이다. 1박2일 일정을 감안하여 목적지는 소백산 산행을 계획하였다. 교통혼잡을 감안하여 기차여행을 전제로 하고, 대중교통편을 연계하여 야유회를 진행할 계획이다. 한 가지 고민거리는 소백산 산행을 마치고 돌아오는 기차편의 마지막 기차 시간이 오후 3시 30분이라는 것이다. 인천에서 목적지로 이동하는 일정상에서는 문제가 없으나, 2일째 예정되어 있는 산행일정을 기차탑승시각과 연계해보니 생각지도 못한 고민거리가 생긴 것이다. 즉, 소백산 산행 경로는 어떻게 설정하느냐에 따라 마지막 기차편을 무리없이 이용할 수도 있고, 자칫하면 산행일정으로 인해 마지막 기차를 놓칠 수도 있는 상황이 예상된 것이다. B팀장은 이 문제를 혼자서 결정하기에는 무리가 있을 것으로 판단되어, 팀원들을 소집하여 산행경로에 따라 소요시간을 추정하고 기차출발시각을 고려하여 합리적인 산행경로를 설정하고자 한다.

🔍 >> 가상사례 3

YY축구팀 C감독은 아주 중요한 경기를 앞두고 상대팀을 효과적으로 공략하기 위한 나름대로의 경기운영전략을 마련하였다. 시합을 앞둔 훈련에서는 반복적으로 본인이 고안한 전략을 선수들에게 설명하고 숙달되도록 훈련을 하고 있다. 그러나, 실제 선수들의 움직임은 본인이 구상하는 전략대로 따라주지 못하고 있었다. 감독은 본인이 생각하는 경기전략을 좀 더 효과적이고 실제적으로 선수들이 이해할 수 있도록 하기 위해서, 예상되는 상대팀의 출전 엔트리를 구성하고, 그 선수들의 사진을 한 장씩 준비하여 화이트 보드에 포지션별로 부착하였다. 훈련 중간중간에 반복적으로 화이트 보드를 활용하여 상대방 선수들의 예상되는 움직임을 화이트 보드에 표기하고, 이러한 상황에 대비하여 선수들의 대처방법을 하나하나 설명하였다. 훈련후에 선수들에게 훈련방법의 효과에 대해서 물어보니, 선수들은 감독의 구두설명으로는 경기 상황이 정확히 전달되지 않았으나, 화이트 보드에 상대팀 엔트리별 정보를 같이 활용한 설명으로는 감독의 의도를 명확하게 이해할 수 있었고 훨씬 수월한 훈련과정이었다고 답했다.

위의 세 가지 사례에서와 같이, 우리는 일상생활에서 수많은 미래사건(Future Event)을 예측하거나 추정하여 이에 대비하거나 합리적으로 해결할 수 있는 대안(Action Plan)을 사전적으로 고민하고 준비하거나(사례 1, 2), 실제적으로 발생할 수 있는 상황을 어떠한 형태의 도구(Tool)를 이용하여 문제를 표현하고 그를 이용하여 주어진 상황을 좀 더 명확하게 정의하기도 한다. 이러한 방법이나 의사결정행위들을 통칭하여 흔히 '시뮬레이션 기법'이라 부르고 있다. 이제 '시뮬레이션'이라는 단어는 우리의 일상생활에서 상당히 밀접하게 많이 인용되고 사용되는 단어이다. 대부분의 게임기는 가상현실(Virtual Reality)을 기반으로 실제의 현실에 거의 유사한 상황을 제공하고, 게임사용자는 마치 본인이 직접 그 환경에 들어와 있는 착각이 들 정도의 환경을 제공한다. 실제 세계에서는 경험하기 힘든 상황에 대해서 게임사용자는 자신의 의사결정이나 동작들을 실제로 만들어가면서 게임에서 승리하기도 하고 실패하기도 한다. 따라서, 시뮬레이션은 공간의 제약(Space Restriction), 시간의 제약(Time Restriction), 자원의 제약(Resource Restriction)을 없애고, 우리가 가상적으로 의도하는 환경이나 조건하에서 우리의 의사결정이 어떠한 파급효과나 영향을 끼치는지를 검증하고, 가장 적절한 방안을 찾아내는 방법으로 생각할 수 있다.

'시뮬레이션'이라는 단어는 다양한 형태의 정의가 가능하겠으나, Wikipedia에서는 시뮬레이션(Simulation)을 다음과 같이 정의하고 있다.[1]

'*Simulation* is the imitation of some real thing, state of affairs, or process. The act of simulating something generally entails representing certain key characteristics or behaviors of a selected physical or abstract system.'

---

1 Wikipedia: The Free Encyclopedia.

앞서 정의처럼 시뮬레이션은 분석대상이 되는 물리적 시스템이나 추상적인 시스템의 핵심 특성과 행위를 나타내는 대상을 모의 평가하는 행위를 의미한다. 또한, 이러한 시뮬레이션을 위해서는 실제 존재하는 대상체, 사건, 그리고 프로세스를 흉내내는 방법을 이용한다. 즉, 시뮬레이션은 분석대상이 되는 대상이나 문제를 실제와 유사한 형태로 흉내내어서 하나의 유사모델을 구성하고, 이를 이용하여 객체나 시스템의 행위를 사전적으로 생성시켜서 발생 가능한 문제점을 도출하고 이를 방지할 수 있는 운영방안을 도출하는 일련의 과정을 의미한다. 따라서, 효과적인 시뮬레이션 적용을 위해서는 다음과 같은 사항을 유념해야 한다.

- 시뮬레이션 기법을 이용하여 분석(도출)하고자 하는 목적을 명확히 하여야 한다.
- 해당하는 목적에 부합되는 분석대상 시스템의 행위(Behaviors)에 대한 구체적이고 체계적인 분석이 이루어져야 한다.
- 시스템의 행위를 나타내는 객관적이고 최대한 정량적인 적용데이터의 확보가 전제되어야 한다.
- 구성되는 시뮬레이션 모델은 분석대상이 되는 시스템을 최대한 반영하는 형태를 지녀야 한다.
- 분석목적에 부합되는 평가체계(KPI, Key Performance Indicator)의 설정이 필요하다.
- 시뮬레이션 결과의 평가과정에서는 평가체계의 결과에 대한 인과관계를 설명할 수 있어야 한다. 이를 위해서는, 시스템에서 발생하는 인과관계를 나타내는 연계성에 대한 체계적인 분석구조를 지녀야 한다.

시뮬레이션 적용 방법

효과적인 물류시스템의 분석 및 설계를 위해서 시뮬레이션 기법은 다양한 용도로 활용할 수 있다. 먼저, 운영 중인 물류시스템의 하드웨어적 구성요소의 타당성에 대한 검증을 위한 목적을 들 수 있다. 즉, 물류시스템내의 각종 설비나 장비의 처리능력 적정성에 대한 검토 등이 그 주된 분석내용이 된다. 또한, 이러한 물류시스템을 구성하는 하드웨어적인 구성요소를 전제로 하여 물류시스템 운영방법에 해당하는 소프트웨어적인 요소에 대한 정합성을 검증하는 경우도 있다. 예를 들면, 물류센터 내에서 제품입고~저장~출고로 연계되는 작업방법이나 관리기준의 정합성 검증을 목적으로도 활용할 수 있을 것이다. 따라서, 시뮬레이션 적용은 단순히 "시뮬레이션"이라는 분석기술의 적용이 아니라 분석목적의 구체화, 분석모델의 정확성 및 분석결과의 정합성의 세 가지 요소가 체계적으로 진행되어야 할 것이다. 이러한 3가지 기본요소를 기반으로 시뮬레이션 기법의 적용방법은 다음과 같이 정의될 수 있다.

[단계-1] 시뮬레이션 분석대상 시스템의 정의

모든 분석작업과 마찬가지로 시뮬레이션 대상이 되는 객체에 대한 명확한 정의가 우선되어야 할 것이다. 시뮬레이션 모델은 경우에 따라서 개발후의 수정작업이 쉬운 경우도 있겠으나, 개발된 시뮬레이션 모델의 변경이나 수정은 경우에 따라서 상당량의 추가작업을 요구하는 경우가 있다. 또한, 시뮬레이션 분석대상이 명확하게 정의되어야 시뮬레이션 모델의 결과치에 대한 분석 또한 이와 같은 맥락으로 체계적이고 수월하게 진행될 수 있을 것이다. 즉, 시뮬레이션 모델에서 구현되어야 할 물류시스템의 범위설정이 명확하여야만 시뮬레이션 모델개발 작업이나 분석작업의 추진일정 또한 계획적이고 체계적으로 진행될 수 있다.

[단계-2] 시뮬레이션 분석목적의 구체화

분석대상 시스템이 정의가 이루어진 뒤에는 이러한 시뮬레이션 기법의 적용을 통해서 도출되어야 하는 것이 목적에 대한 명확성이다. 즉, 시뮬레이션 기법의 적용을 통해서 궁극적으로 달성되어야 할 목적을 명확하게 정의할 필요가 있다. 대개의 경우는 이러한 시뮬레이션 분석업무가 조직내의 여러 부서끼리 공동으로 연계되어 있거나, 여러 인력들이 팀을 구성하여 작업을 진행하게 된다. 공통의 목표가 불명확할 경우에는 시뮬레이션 모델 구축이나 개발/분석과정에서 담당자들 간의 이견에 의한 추진일정이나 분석결과의 미비점이 발생할 가능성이 높다. 따라서, 시뮬레이션을 통해서 도출되어야 할 사항이나 요구사항에 대해서 명확한 정의 단계가 반드시 진행되어야 한다.

[단계-3] 시뮬레이션 분석시나리오 설정

일반적으로, 시뮬레이션 적용목적은 크게 두 가지 형태로 구분해 볼 수 있다. 먼저, 현재 운영중인 물류시스템을 대상으로 시뮬레이션 기법을 적용하는 경우이다. 이와는 반대로, 현재 계획중인 물류시스템을 대상으로 실제 시스템 구축 또는 적용 전에 사전적으로 예상문제점을 검토하는 경우이다. 일반적으로는 기존에 운영중인 물류시스템을 대상으로 시뮬레이션 기법을 적용하는 경우에 가장 우선적으로 검토해야 할 사항은 실제 물류시스템 운영상에서 발생하고 있는 문제점에 대한 면밀한 사전분석이다. 실제 운영상에서 발생하고 있는 문제점이나 예상되는 문제점에 대한 사전적인 검토가 전제되어야 시뮬레이션을 통해서 도출되어야 할 결과분석유형이 선정될 수 있다. 분석시나리오의 구성은 대개의 경우 두 가지 요소로 구성된다. 즉, 임의의 물류시스템을 대상으로 물류시스템의 운영에 영향을 줄 수 있을 것으로 판단되는 요인인자(Influential factors)와 이러한 요인인자이 변화에 따리시 김증이 필요할 결과인자(Resulting factors)에 대한 정의이다. 이러한 시나리오 설정에 있어서 가장 우선적으로 전제되어야 하는 사항은 앞서 정의된 시뮬레이션 분석목적이다. 따라서, 시뮬레이션 분석목적에 가장 잘 부합되는 결과인자를 우선적으로 설정하고, 설정된 각 결과인자에 대한 합리적인 정합성을 위해서 확인되어야 할 고려사항에 해당하는 요소를 요인인자로 설정해볼 수 있다. 이러한 분석시나리오는 시뮬레이션 모델구축과정 전에 심도있게 검토되고 확인되어야 하는 가장 큰 이유는 이러한 분석시나리오 구성체계에 따라 시뮬레이션 모델의 구성방향이 설정되기 때문이다. 시뮬레이션 분석업무를 진행하는 과정에서 이러한 분석시나리오의 변경이 발생하는 경우는 상당한 수정이 발생하거나 반영이 불가능한 경우도 발생할 수 있으므로, 사전적인 검토는 중요한 단계로 인식되어야 한다.

[단계-4] 시뮬레이션 모델 구축

설정된 분석목적과 시나리오에 따라서 구체적인 시뮬레이션 모델의 구축방향이 설정된다. 즉, "분석대상이 되는 물류시스템의 운영방법을 어느 정도까지 상세하게 표현할 것인가?" 또는 "이러한 분석시나리오를 운영하기 위해서 필요한 적용데이터 및 상세 기준으로 어떻게 구성할 것인가?" 등에 대한 사전적인 방향성이 정의될 수 있다. 물류시스템을 대상으로 하는 시뮬레이션 모델의 구축은 크게 2단계로 구성된 체계를 구성해 볼 수 있다. 첫째는, 물류시스템을 구성하는 물류 설비/장비를 포함한 기본적인 Layout의 구축과정이다. 대개의 물류시스템은 물리적인 공간 내에서 물류활동을 운영하는 물류 설비/장비로 표현되는 다양한 구성요소 및 이들의 배열을 나타내는 Layout을 포함한다. 둘째는, 이러한 하드웨어적인 물류시스템 체계상에서 발생하는 material flow를 표현하기 위한 세부운영기준에 대한 부분이다. 예를 들어, 어떠한 제품이 어떠한 과정이나 절차를 통해서 어떠한 작업주체에 의해서 물류시스템내에서 material flow를 형성하는지에 대한 상세한 적용기준에 대한 정의가 필요하다.

[단계-5] 시뮬레이션 모델의 정합성(Validation)

시뮬레이션 기법의 적용에 있어서 가장 중요한 과정 중의 하나는 구현된 시뮬레이션 모델이 분석대상 시스템을 정확하게 모사할 수 있도록 개발하는 과정이다. 분석대상 물류시스템을 정확하게 모사하기 위해서는 물류시스템내에서 이루어지는 각종 작업이나 기능의 정리, 물류 장비/설비의 제원치, 그리고 처리기능의 제원치 등에 대한 면밀하고 상세한 분석이 전제되어야 한다. 시뮬레이션 모델의 실행 결과를 이용하여 그 이상 유무를 확인하고, 그 유형에 따라서 모델을 반복적으로 수정하는 과정을 거쳐서 시뮬레이션 모델이 정상적으로 구동되는지를 확인해 나가야 한다. 즉, 시뮬레이션 모델의 정상구동 여부를 중점적으로 관찰하고 수정해 나가는 단계이다.

[단계-6] 시뮬레이션 결과치의 정합성(Verification)

구성된 시뮬레이션 모델을 활용하여 사전적으로 정의된 분석시나리오에 따라 다양한 형태의 분석과정을 수행한다. 이러한 분석작업을 진행하기 전에 우선적으로 진행되어야 할 사항은 도출된 결과치의 이상 유무를 확인하는 단계이다. [단계-5]에서는 구축된 시뮬레이션 모델이 정상적으로 구동되는지를 확인하는 과정을 중점적으로 관찰하고 개선해나가는 과정을 거쳤다. 해당 단계에서는 시뮬레이션 결과치에 대한 정합성을 검증해나가는 과정이다. 시뮬레이션 모델 구현 대상이 되는 시스템이 존재하는 경우라면 기존의 실적데이터를 활용하여, 실적데이터와 시뮬레이션 모델에서 얻어진 데이터를 비교 분석해볼 수 있다. 즉, 실제치와 동일한 조건의 데이터를 시뮬레이션 모델에 적용하여 분석대상이 되는 지표의 차이 유무를 확인해보는 과정을 거치는 과정이 필요하다.

[단계-7] 시뮬레이션 결과 분석 및 개선방안 도출

[단계-3]에서 정의된 분석시나리오는 궁극적으로 시뮬레이션 기법을 활용한 분석을 통해서 대상이 되는 물류시스템의 진단/개선을 위한 방향성을 포함하고 있다. 시뮬레이션 모델을 활용하여 분석시나리오에 따라 결과치를 분석하여 물류시스템의 운영적인 상태를 진단하고 개선방안에 대한 효과를 검증하는 과정을 진행한다. 시뮬레이션 모델의 분석에 있어서 가장 중요한 단계는 민감도분석(Sensitivity Analysis) 과정이 되겠다. 단계 2)와 단계 3)에서 사전 정의된 시뮬레이션 목표와 분석시나리오를 기준으로 시뮬레이션 모델의 반복적인 수행과 결과집계 과정을 진행한다. 최종적으로는 이러한 전반적인 분석결과를 종합한 분석의견을 작성하도록 한다.

CHAPTER 03 시뮬레이션 적용 사례

본 장에서는 물류시스템 개선 및 설계와 관련하여 시뮬레이션 기법을 적용한 사례를 정리하였다. 각 적용사례에서는 1) 물류시스템 개요, 2) 시뮬레이션 적용 목적, 3) 주요분석 내용 및 결과 등을 중심으로 분석하고 정리하였다.

[사례-1] A자동차 부품 업체의 제조물류 개선 사례

1) 물류시스템 개요

A사는 자동차 부품을 생산하여 완성차 업체에게 납품하는 비즈니스를 수행하고 있다. 생산하는 자동차 부품에 대한 수요가 매년 지속적으로 증가하는 실적을 나타내었고, 향후에도 이러한 수요증가는 다년간 계속 이루어질 것으로 예상하고 있다. A사의 생산라인은 2층 형태의 Multi-Floor Production Layout 형태로 구성되어 있다. 1층에서는 완성부품 생산에 필요한 소재가공을 진행하고, 2층에서는 1층에서 공급되는 공급소재를 이용하여 각종 부품을 조립하여 1층으로 다시 이송되어 출고검사(OQC, Out-going Quality Control)를 진행하고 제품창고에 적치되었다가 고객사로 운송되는 형태를 취하고 있다. 현재 2층에는 4개의 생산라인이 구성되어 있으며, 공급량 증대를 위해서는 제한된 2층 공간내에 생산라인을 추가적으로 3개 증설하고자 한다. 물론, 2층 생산라인의 증대에 따른 소재수요량 또한 증가함에 따라 1층 생산라인의 능력확충도 병행하여 진행되어야 한다.

2) 시뮬레이션 적용 목적

다층형태의 공장 Layout을 갖는 생산시스템에서 생산능력 확충을 위해서는 다음과 같은 사항에 대한 검토와 검증이 필요하다.

① 제한된 물리적인 공간내에 완성부품 기준으로 3개 생산라인을 증설함에 따라 추가하는 생산라인의 적정 위치 및 형태에 대한 검토가 필요하다.

② 완성부품을 생산하기 위해서는 다양한 형태의 소재가 제조라인 공정에 공급되어야 한다. 일부 부품은 외부 공급자로부터 공급받아 해당하는 생산공정으로 공급되기도 하고, 일부 소재는 내부 생산라인에서 생산하여 직접 완성공정으로 공급하기도 한다. 이러한 소재공급위치와 소재가공 공정으로 여러 물리적 위치에 분산되어 있다. 따라서, 소재공급위치와 생산공정 간의 소재공급 flow에 대한 정합성 검증이 필요하다.

③ 소재공급은 현재 작업자가 대차를 이용하여 진행하고 있다. 따라서, 전체 물동량 운영에 따른 생산라인별 작업자들의 작업부하(작업률)에 대한 사전적인 검증이 필요하다.

3) 주요분석 내용 및 결과

본 시뮬레이션 분석에서는 제한된 공간의 공장부지내에서 생산라인을 증설하면서, 전체적인 제조물류가 효율적으로 구성될 수 있는 대안에 대한 평가와 구축 방안을 도출하는 데에 목적을 두고 있다. 기존 4개의 완성부품 생산라인을 7개의 생산라인이 효율적으로 가동될 수 있도록 하기 위한 (1) 생산라인의 위치 및 형태, (2) 소재로부터 완성부품까지 연계되는 소재 및 반제품 공급 flow 설정, (3) 소재 이송 및 공급을 위한 생산라인내 작업자의 작업부하 분석 등을 세부 목적으로 하였다. 이를 통하여 공장내 여유공간 활용 방안, 기존 생산라인의 이설 및 신규 생산라인의 신설위치 설정 등에 대한 대안을 평가하였다. 또한, 시뮬레이션 모델의 대안설정을 위하여 작업자의 작업동선을 최소화할 수 있는 공정 간 물동량 설계 모형을 선형계획법(Linear Programming)으로 구성하여 최적대안을 구하고, 이 대안을 AutoMod®를 이용하여 상세하게 분석하는 형태의 작업을 진행하였다.

[사례-2] B철강사의 중간소재 창고 운영효율성 분석

1) 물류시스템 개요

B철강사는 철강재의 원재료(철광석, 석회석, 무연탄 등)를 이용하여 제선, 제강, 압연에 이르는 일관제철공정을 운영하는 회사이다. 철강공정에서는 제강공정 이후의 액체상태의 쇳물을 슬라브라고 불리는 고체상태의 반제품상태로 변환하는 공정을 운영한다. 이를 연주공정(연속주조공정)이라 일컫고 있다. 액체상태에서 고체상태로 변환된 철강중간소재인 슬라브는 압연공정을 거친 후에 완제품의 형태를 띄는 다양한 제품(Coil, Plate, Sheet)으로 가공된다. 단, 연주공정을 통해서 생산된 슬라브는 압연공정 전에는 중간소재 형태로 소재창고에 적치되어 관리되어야 한다. 중간소재인 슬라브는 통상 중량이 20톤~25톤 정도의 대중량을 갖는 철강소재이다. 따라서, 중간소재 취급 시에는 반드시 크레인이 동원되어야 한다. 따라서, 중간소재 창고에서 가장 중요한 설비중의 하나가 크레인이다. 즉, 크레인의 가동률이 절대적으로 높아서 크레인에 의한 작업처리가 지연되는 경우는 연주공정의 생산이 중단되거나, 압연공정에 필요한 소재공급이 지연되는 치명적인 운영사례가 발생할 수 있다. 철강회사는 대규모의 시설투자를 전제로 하는 설비업종의 속성을 지님에 따라, 이러한 공정휴지는 설비 가동률의 저하로 연계되고, 이는 막대한 기회비용이나 손실로 이어질 수 있다. 연주공정에서 생산된 슬라브인 중간소재는 크게 4개의 창고동으로 분산되어 적치되고, 동간의 이송시에는 대차를 이용하여 진행되고 있다. 연주공정을 통해 생산된 중간소재의 행선지는 모두 세 군데로 사전적으로 설정되어 있다. 또한, 각 창고동에서는 3대의 크레인이 설치되어 창고영역에 따라 크레인의 작업기준으로 사전적으로 설정되어 있다. 그러나, 작업공간 및 작업영역의 중복에 따라 크레인 간의 간섭은 발생할 수밖에 없다.

2) 시뮬레이션 적용 목적

본 시뮬레이션 분석에서는 가장 중요한 검토사항이 중간소재인 슬라브가 최종 행선지에 따라서 소재창고에서 움직이는 동선이 다르게 정의되어 있다. 우선적으로 슬라브 속성 및 행선지에 따라서 설정되어 있는 동선의 적합성에 대한 검증이 필요하다. 또한, 1) 동별 작업물량에 따라 동별 크레인의 가동률의 편차는 어떻게 나타나는지? 2) 동일 동내에서 복수개의 크레인이 설치됨에 따라, 크레인 간의 가동률 편차는 어떻게 나타나는지? 3) 현재 설계되어 있는 동별 적치공간의 개소는 적절한 것인지? 등에 대한 분석을 우선적으로 진행하여야 하였다. 또한, 동간 소재이송을 위해서는 대차를 활용하게 되는데, 대차 운영위치에 대한 사전적인 검증 또한 요구되었다.

3) 주요분석 내용 및 결과

본 시뮬레이션 분석 적용 전에는 각 동별로 크레인의 운영대수는 일괄적으로 3대씩 적용되었다. 전체 중간소재 창고의 길이를 고려하여 크레인이 움직일 수 있는 반경 및 소요시간을 감안한 최적의 배치형태인 것으로 인식하였다. 그러나, 시뮬레이션을 통하여 검증된 내용으로는 중간소재인 슬라브의 속성 및 행선지에 따른 창고 내에서의 슬라브 동선이 다양하게 나타나고 있음을 알게 되었고, 이에 따라서 동별 크레인 가동률의 편차가 상당히 크게 나타나는 것을 시뮬레이션을 통하여 알 수 있었다. 따라서, 이러한 시뮬레이션 분석결과를 바탕으로 기존 동별 3대씩 일괄적으로 할당된 크레인의 수를 동별 크레인 가동률 수준에 따라 크레인의 수를 늘리거나 축소 운영하는 대안을 마련하였다. 전체적으로는 크레인 가동률의 평준화를 유도할 수 있는 설비운영 방안 및 소재창고 내에서의 운영부하 발생위치를 사전적으로 도출할 수 있었다.

[사례-3] C철강사의 제품창고 운영 효율성 분석

1) 물류시스템 개요

C철강사는 선박건조, 교량건설이나 특수 압력용기 등에 주로 사용하는 후판제품을 생산하고 있다. 후판제품은 그 수요특성상 다양한 형태의 제품형태를 갖는다. 즉, 제품두께, 제품폭, 제품길이가 다양한 형태로 파생되는 제품속성을 가지고 있다. 이러한 후판제품은 생산이 완료되면 제품창고로 이송되어 적치되었다가 수요가 요구수요에 따라서 출하되는 프로세스를 취하고 있다. 후판제품은 그 특성상

제품을 윗 방향으로 쌓는 형태의 적치방법을 운영하고 있다. 따라서, 아래쪽에 위치한 제품을 출고하는 경우에는 위에 쌓인 제품들을 순차적으로 들어내는 작업을 진행하여야 한다. 즉, 제품적치계획과 제품불출계획이 서로 효율적으로 연계되지 않은 경우는 이를 취급하는 크레인의 가동률이 상대적으로 크게 증가하게 된다. C 철강사에서는 생산이 완료된 후판제품은 2개의 입고 route를 통하여 이송되고, 총 7개의 제품창고로 분산하여 적치되고 있다. 현재 이 후판제품은 총 200개 이상의 수요가 존재하고, 제품사이즈의 편차(폭 방향 편차, 길이 방향 편차)가 일정 수준이상인 경우에는 동일 장소에 적치할 수 없다. 또한, 동일 고객사 제품을 우선적으로 동일 적치장소에 적치하되, 적치공간이 부족할 경우는 고객사가 혼합되어 적치하는 경우도 존재한다.

2) 시뮬레이션 적용 목적

본 시뮬레이션에서는 제품생산비율(P-Mix, Product-Mix)이 사전적으로 설정되어 있는 것을 감안하여 1) 제품창고내 전체 적치공간을 제품사이즈비율대로 어떻게 분할하여 설정할 것인지? 2) 동별 제품사이즈 배치형태를 어떠한 형태로 설정할 것인가? 에 대한 분석이 요구되었다. 일반적으로, 제품창고로 적치하기 위해 이송되는 입고물량이 많은 제품동은 가능한 입고시작위치에서 멀리 떨어진 곳으로 배치하여, 해당동의 입고부하로 인해 기타 제품동에 미치는 입고부하가 발생하지 않도록 하는 것이 중요하다. 또한, 제품생산비율에 따라 동별 크레인 가동률의 편차가 발생함에 따라 동별 설치 크레인의 대수를 어떻게 설정할 것인가? 도 중요한 분석항목이었다.

3) 주요분석 내용 및 결과

본 시뮬레이션을 통해서 가장 우선적으로는 각 동별 제품사이즈별 적치장소 분할계획에 대한 정합성을 검증하였다. 기존에는 총 생산물량속성별 구성비에 따라 일괄적으로 능력을 배분하는 형태로 취하였으나, 입고 속성이나 제품적치 속성을 좀 더 면밀하게 반영하여 제품창고 구성형태를 재구성하였다. 또한, 크레인의 운영대수가 over-capacity 형태의 부하속성을 갖는 경우도 도출하여 크레인 운영 대수를 당초 계획보다 축소하여 운영하는 방안을 제안하였다. 크레인 운영대수의 축소운영은 투자비용의 감소효과를 기대하는 경제적인 대안을 설정하였고, 크레인 대수의 감소에도 운영성이 유지되도록 전체적인 제품창고의 작업방법에 대한 세부운영기준에 대한 검증작업을 진행하였다.

[사례-4] Automotive & Heavy Equipment 부문

자동차 엔진부품을 생산하는 공정은 수백 개의 부품을 조합하는 아주 복잡한 제조공정이다. 따라서, 이렇게 복잡한 제조공정을 설계하고 구축하는 과정에서 시뮬레이션 기법은 다양하게 적용될 수 있다. 제조공정, 조립공정, 그리고 테스트 공정을 포함하여 전체공정상에서 발생할 수 있는 다양한 변동성을 검증하기 위해서는 더욱 더 시뮬레이션 기법의 적용에 대한 필요성이 높아지고 있다. Jayraman과 Agarwal(1996)은 Engine Plant의 시뮬레이션 기법 적용은 1) 생산량(Throughput), 2) 운영철학(Operating philosophies), 3) 안전재고수준(Buffer sizes and Safety Stock levels), 4) 수배송체계(Logistics), 5) 자재저장(Materials Storage Issues), 6) 근무형태(Shift patterns), 그리고 7) 작업인력 최적운영(Manpower optimization) 등의 관련이슈들을 시뮬레이션 기법을 통해서 해결방안을 모색할 수 있는 것으로 제시하였다.

[사례-5] Health Care 부문

Patvivatsiri(2006)는 생물학적 무기에 대한 대규모의 피해가 발생할 수 있는 경우에 대비하여 바이오테러에 대비한 의료체계의 효율성과 상비성(Readiness)을 확보하기 위한 대안구성을 위해서 시뮬레이션 기법을 적용하였다. 이 연구에서는 병원에서의 응급실(Emergency Room)의 운영체계에 대한 아주 획기적이고 고차원적인 시뮬레이션 모델을 구성하였다. 시뮬레이션 기법의 분석목적은 치료과정에 나타나는 환자의 동선을 분석하고, 응급실의 운영자원의 활용도를 평가하고, 가상적인 바이오 테러리스트에 의한 공격의 영향도를 진단하여 이러한 바이오테러 시나리오에 합리적으로 대응할 수 있는 응급실 자원과 운영인력 수준을 설정하는 것을 그 목적으로 하고 있다.

[사례-6] 물류센터 설계 및 운영효율성 분석

이의형 · 박양병(2006)은 국내 L-Mart의 TC(Transfer Center, 통과형 물류센터)를 대상으로 운영효율성을 제고할 수 있는 세 가지의 새로운 운영방식을 제안하고 이를 시뮬레이션 모델을 통하여 검증하였다. 해당하는 물류센터에서는 Cross-Docking 형태의 입/출고 방식을 운영하고 있고, 이러한 운영방식의 효율성을 개선하기 위한 새로운 운영정책이 요구되었다. 이 연구에서는 작업종료시간(operation completion time), 물류센터내에서의 롤테이너의 체류시간(Time for roll-tainer in the center), 차량의 적재용량(Total tonnages of vehicles used), 차량적재율(Vehicle fill-rate), 그리고 지연배송횟수(Number of late arrivals at retailers) 등에 해당하는 평가지표를 적용하였다. 또한, 적정 입출고 dock의 수와 작업인력의 수도 제안되었다. 황흥석 · 조규성(2002)은 물류센터의 최적운영을 고려한 저장설비의 능력산정을 위하여 소단위화물을 다루는 피킹지역(Forward Area)과 대단위 보충화물을 저장하는 저장지역(Reserve Area)을 동시에 고려한 저장설비의 능력산정모델을 연구하였다. 동일 운송설비로 피킹 및 재보충(Picking and Replenishment) 방법에 따른 설비능력을 산정하기 위해 수리모델을 개발하고, 시뮬레이션 모델을 이용하여 다양한 분석을 진행하였다. 또한, 황흥석 · 조규성(2003)은 냉장창고(Refrigerate warehouse)내에서의 이송장비(Transporter)의 성능평가를 위한 모델을 연구하였다. 이 연구에서는 이송장비의 운영성능을 개선하기 위하여 전체 이송시간을 최소화하기 위한 냉장창고의 설계에 초점을 두고 있다. 이 연구를 통하여 냉장창고의 설계에 대한 다양한 사양을 제시하고, 운영방법을 설정하기 위하여, 초기 설계치를 설정하기 위한 수리모델을 구성하고 이를 이용하여 시뮬레이션 모델을 적용하는 연구방법을 취하였다.

2
AutoMod® 활용방법

물 / 류 / 시 / 뮬 / 레 / 이 / 션

PART 2 AutoMod® 활용방법

　　AutoMod®는 Applied Materials사[1]에서 공급하고 있는 시뮬레이션 소프트웨어로서, 제조 및 물류분야에 특화된 기능을 제공하는 3차원 기반의 모델링 체계를 갖는 물류시뮬레이션 소프트웨어이다. 본 교재에서는 제조 및 물류시스템 분석중심으로 해당하는 시스템의 기능개요를 소개하고자 한다.

　　이 소프트웨어의 기본사용방법은 크게 2단계로 구분할 수 있다. 먼저, 분석 또는 설계대상이 되는 물류시스템을 AutoMod®를 이용하여 3차원 그래픽 기반의 가상공간(Virtual Space)으로 표현한 물류시스템을 구성한다. 이렇게 구성된 물류시스템을 이용하여 해당하는 물류시스템내에서 발생하는 각종 물류형태를 표현하고 통제하는 운영기준을 전용언어를 이용하여 구성한다. 따라서, 이 소프트웨어를 이용하기 위해서는 물류시스템을 구성하는 각종 하드웨어적인 구성체계를 표현하는 방법과 이러한 물류체계상에서 각종 물류흐름체계를 통제하는 운영기준을 개발/적용하는 방법을 학습하여야 한다.

1　Applied Materials사의 홈페이지 참조(http://www.appliedmaterials.com)

AutoMod®에서는 하나의 시뮬레이션 모델을 구성하기 위해서 분석대상이 되는 물류 시스템의 구성형태에 따라서 여러 개의 단위시스템을 구성하게 된다. AutoMod®는 물류시스템을 구성하는 일반적인 기능을 구성할 수 있도록 특화된 시스템 모듈을 제공하고 있다. 물류시스템에 흔히 적용될 수 있는 Conveyor, AS/RS, Crane을 포함하여 각종 일반적인 Transport system을 포함하는 운영모듈을 구현할 수 있는 특화된 기능을 구현할 수 있도록 지원해 주고 있다. 이 모든 시스템을 통제하는 핵심모듈에 해당하는 기능은 Process System으로써, 이 시스템을 통해서 구현되는 모든 시스템들이 통합적으로 구동하게 된다. 다음 장부터는 AutoMod®를 구성하는 각각의 system에 대한 세부적인 내용과 활용방법을 위주로 설명하고 있다.

AutoMod®

AutoMod®를 이용하여 시뮬레이션 모델을 구성하는 과정에서는 크게 "모델"
이라는 구성체계와 이를 구성하는 "시스템"이라는 구성요소에 대한 이해가 필요하
다. 이러한 구성체계에 대한 이해를 위해서는 물류시스템의 구성체계에 대한 정의
를 고려해볼 필요가 있다. 즉, 하나의 물류시스템은 그 기능과 용도에 따라 다양한
형태의 구성요소를 포함하고 있다. 아래의 예제에 기술된 사례를 통해서 물류시스
템을 구성하는 구성요소에 대해서 알아보기로 하자.

A사는 전자제품의 유통을 목적으로 새로운 물류센터를 인천지역에 개장하기로
하였다. 해당하는 지역의 물동량 및 물류센터내 작업유형을 예측하여 다음과 같은
설계사양으로 구성하고자 한다.
- 제품입고 Dock과 출고 Dock은 각각 반대방향으로 위치한다.
- 입고제품은 입고차량에서 바로 컨베이어 벨트를 통하여 해당하는 제품저장위
  치로 이송된다. 제품저장은 랙(Rack)형태로 구성된 저장시설을 이용한다.
- 제품의 출고시에는 forklift를 이용하여 Rack에서 불출하여 컨베이어 벨트를 이
  용하여 출하차량으로 이송된다.

물류센터 설계업무를 담당하고 있는 B대리는 제품물동량 예측치를 기준으로 시
간대별 입고 차량대수와 출고 차량대수에 대한 추정치는 확보하였다. 추가적인 분
석이 필요한 사항은 입고/출고 Dock의 적정대수, 저장공간이 되는 Rack의 적정대
수, 컨베이어 벨트의 적정속도, Forklift운영대수의 적정성에 대한 검증을 진행할
계획이다.

위의 예제에 해당하는 물류센터에 대한 시뮬레이션 모델을 구성하기 위해서
는 기본적으로 다음과 같은 구성요소를 도출할 수 있다. 해당하는 물류센터를 구

표 1.1   물류센터를 구성하는 요소 및 기능정의

요소	기능 정의
물류센터 바닥/벽체	물류센터내 각종 설비가 위치할 물리적 공간
입/출고 Dock	(Receiving Dock, Shipping Dock) 입/출고 차량의 Gate
입/출고 차량	제품 입/출고 차량
컨베이어 벨트 (Conveyor Belt)	(Receiving Truck, Shipping Truck)입고~적치, 적치~출고를 위한 제품이송
제품저장설비(Rack)	입고된 제품의 저장
Forklift	Rack 저장 및 불출을 위한 장비

성하는 설비적인 요소로는 위와 같은 기본요소를 생각할 수 있다.

즉, 하나의 시뮬레이션 모델은 분석대상이 되는 물류시스템을 구성하는 요소를 나타내는 복수개의 "시스템"으로 구성되어 있다. 위의 예제에 해당하는 물류시스템을 AutoMod®를 이용하여 시뮬레이션 모델로 구성하기 위해서는 크게 두 가지의 기본 구성체계를 생각해 볼 수 있다. 첫째는, [표 1.1]에 정리된 내용과 같이 하나의 물류시스템을 구성하는 하드웨어적인 요소에 대한 설정과정이 필요하고, 둘째는 이러한 하드웨어적인 요소를 운영하고 통제하는 소프트웨어적 요소를 구성하는 것이다. AutoMod®를 활용하여 시뮬레이션 모델을 구성하는 경우에는 이러한 하드웨어적 요소들을 각각 해당하는 System으로 구성하여 나타내고, 소프트웨어적 요소는 Process System을 이용하여 구성하는 방법으로 그 구현단계가 진행된다. 시뮬레이션 모델 개발자의 의도나 아이디어에 따라서 동일한 운영체계가 서로 다른 형태의 시스템으로 개발되는 것은 가능하나, AutoMod®에서 제공하는 기능을 최대한 활용하기 위해서는 시뮬레이션 모델을 구상하는 시점에서 심도있게 개발방향을 고민할 필요가 있겠다.

하나의 시뮬레이션 모델을 구성하는 요소들 중에서 "Process System"은 기본적으로(Default) 생성되는 시스템이다. 즉, 시뮬레이션 모델구성시에 "Process System"은 개발자의 의도와는 관계없이 모델의 생성과 동시에 포함되는 구성요소이다. "Process System"에는 시뮬레이션 모델의 실행/분석 등에 해당하는 모든 내

표 1.2   구성예제의 요소별 시스템 정의 형태

요소	시스템 형태	구현 형태
물류센터 바닥/벽체	Static System	• AutoMod®에서 제공하는 Graphic Utility를 이용하여 물류센터 바닥과 벽체에 해당하는 그래픽 이미지를 구성하고, 이를 개발하는 시뮬레이션 모델에 반영함. Static system자체는 시뮬레이션 모델의 구동이나 실행결과와는 상관이 없으며, 시뮬레이션 모델을 좀 더 실제와 유사한 형태로 나타내기 위한 그래픽 요소를 정의하는 것임.
입/출고 Dock	Static System	• 물류센터의 입/출고 dock을 그래픽형태로 표현하기 위해서 AutoMod®에서 제공하는 Graphic Utility를 이용하여 구성하는 요소임.
입/출고 차량	Path Mover System	• 물류센터의 입/출고 차량을 나타내기 위한 시스템으로 구성하고, 차량운행 및 상/하차 작업을 포함하는 운영형태를 나타낼 수 있는 시스템으로 활용됨.
컨베이어 벨트	Conveyor System	• 물류센터내에서 이루어지는 제품의 분류/통합 등의 운영형태를 구현하기 위해서 적용되는 시스템으로 활용됨.
제품저장설비 (Rack)	Static System	• 물류센터내 저장공간의 형태를 사용자가 직접 표현할 수 있는 그래픽 요소로 적용할 수 있음.
Forklift	Path Mover System	• 물류센터내에서 이루어지는 제품의 저장/불출/이송 등의 작업을 수행하는 지게차의 작업형태를 구현하기 위해서 필요한 시스템으로 활용됨.

용을 포함하고 있으므로, "Process System"없이는 시뮬레이션 모델 자체의 구동이 불가능하다. [그림 1.1]에서와 같이, 하나의 시뮬레이션 모델은 시뮬레이션 모델 개발자의 의도에 따라 여러 개의 시스템에 의해서 구성이 되고, 이러한 시스템 간의 연계운영이나 전체적인 시뮬레이션 모델의 운영은 "Process System"이 담당하게 된다. 따라서, "Process System"을 제외한 시스템들은 개발대상모델의 운영특성에 따른 기능여부에 따라 추가되는 부분들이다.

다음의 [그림 1.2]는 AutoMod® 실행 후에 나타나는 초기화면이다. 그림에서와 같이, AutoMod®를 실행하면 초기 화면에는 2차원 평면상에 Grid형태의 공간이 나타난다.

그림 1.1   AutoMod® 시뮬레이션 모델의 구성체계

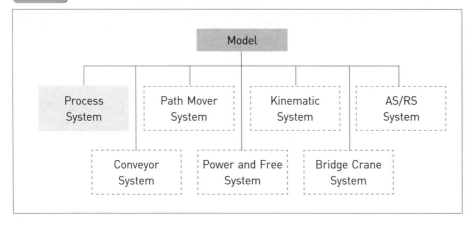

그림 1.2   AutoMod® 메인화면 구성 형태

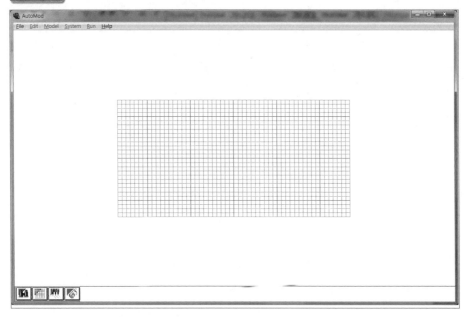

앞서 설명된 바와 같이, AutoMod®를 활용하여 하나의 시뮬레이션 모델을 구성하기 위해서는 물류시스템 구성요소에 해당하는 모델의 세부 구성요소인 System의 정의가 필요하다. Model의 생성은 위의 메인화면에서 "File"에 해당하는

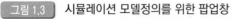

그림 1.3 시뮬레이션 모델정의를 위한 팝업창

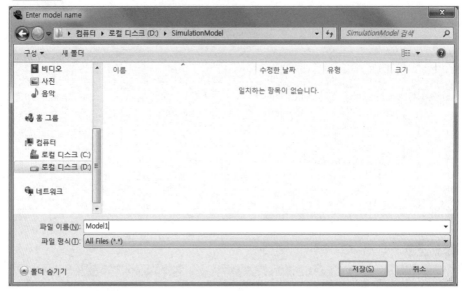

메뉴를 선택하고 이어서 "New"라는 메뉴를 선택하면 다음과 같은 "Enter model name" 팝업창(Pop-up Window)을 확인할 수 있다. 위의 [그림 1.3]은 해당하는 폴더를 선택하고, 파일이름에 "Model1"이라는 시뮬레이션 모델을 임의적으로 생성한 예제이다.

위와 같은 절차를 통해서 시뮬레이션 모델을 생성하면, 다음의 [그림 1.4]와 같은 초기화면이 나타난다. 앞서 설명된 바와 같이, 시뮬레이션 모델의 구성시에 "Process System"은 필수항목이므로, 시뮬레이션 모델의 생성과 동시에 Process System에 해당하는 구성항목들이 팝업형태로 나타나게 된다.

시뮬레이션 모델의 구성요소에 따라서는 여러 형태의 시스템 요소를 정의할 필요가 있겠다. 다음의 [그림 1.5]는 기존의 시뮬레이션 모델에 새로운 시스템을 추가하기 위한 팝업창을 나타낸 화면이다. 위의 메인 메뉴바에서 "System"을 선택하고, 이어서 "New"라는 메뉴를 선택하면 다음의 그림과 같은 팝업창이 나타나게 된다.

해당하는 팝업창에서는 새롭게 추가할 시스템명(System Name)을 입력하고 해당하는 시스템의 형태(Type)를 선택하면 된다. Student Version의 경우에는 제한적

그림 1.4   시뮬레이션 모델 생성후의 초기화면

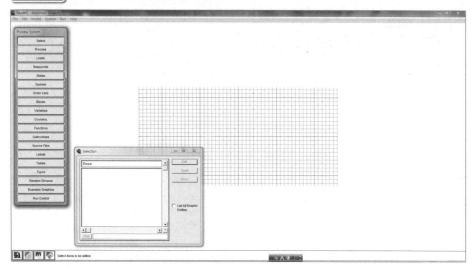

그림 1.5   시뮬레이션 모델내 시스템 추가방법

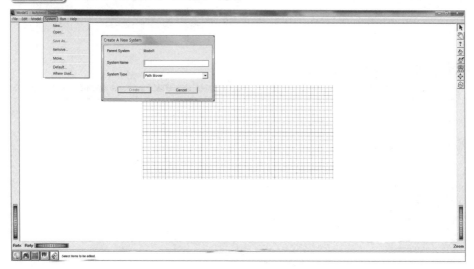

으로 가장 일반적으로 사용할 수 있는 "Pathmover", "Conveyor", 그리고 "Static" 에 해당하는 세 가지 형태의 시스템 형태만 제공받게 된다.

CHAPTER 02

Process System

Process system은 AutoMod®를 활용한 시뮬레이션 모델구성시에 반드시 활용되어야 하는 기능이다. 시뮬레이션 모델을 구성하게 되면 Process system은 자동적으로 생성된다. 즉, Process system은 개발하는 시뮬레이션 모델내에 포함되는 모든 구성요소를 종합적으로 관리하고, 시뮬레이션의 수행방법을 정의하는 가장 핵심적인 요소이다. 아래의 [그림 2.1]에서와 같이, 시뮬레이션 모델을 생성하면 Process system에 해당하는 menu panel이 나타난다.

AutoMod®에서 process 시스템을 구성하기 위해서는 Load, Queue, Resource, Orderlist, Block, Variable, Process 등의 기본 요소들을 이용하여 시뮬레

그림 2.1 Process 시스템 구성 항목

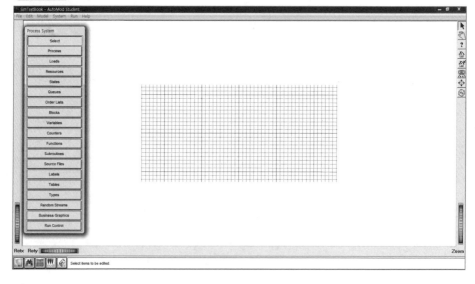

이션 모델을 구성한다. 아래에는 이들 각각의 요소들에 대해서 상세한 설명 및 적용방법을 기술하였다. AutoMod®에서는 이러한 요소들에 대해서는 별도의 명칭을 설정하고, 이를 프로그램 작성시에 사용하게 된다. 따라서, 이러한 요소들의 명칭설정(Naming) 방법에 대해서도 사전적인 적용방법이 있다. 본 교재에서는 각 요소들에 대한 명칭을 설정하는 경우에 그 요소들의 명칭을 최대한 활용하는 방법을 적용하고자 한다. 구체적인 명칭기준(Naming rule) 및 적용예는 아래의 [표 2.1]와 같다.

표 2.1   AutoMod®내 Process 시스템의 구성요소별 명칭설정 방법(예시)

요소명	접두어(Prefix)	적용예
Process	Proc_	Proc_Storage
Load	L_	L_Pallet
Resource	R_	R_Worker
States	S_	S_Move
Queue	Q_	Q_Container
Order List	OL_	OL_Container
Block	B_	B_Junction
Variable	V_	V_Inventory
Counter	Cnt_	Cnt_Token
Table	Tbl_	Tbl_WaitingTime

위의 [표 2.1]에서와 같이, 각 요소별 명칭은 우선적으로 해당하는 요소의 첫 글자(Initial)를 이용하여 정의하는 것이 쉽게 해당하는 요소의 형태(Type)를 쉽게 이해할 수 있다. 즉, 시뮬레이션 모델을 구성하는 과정에서는 다양한 형태의 프로그램 구조로 구성하게 되는데, 이러한 요소들이 별도의 구분체계 없이 혼합적으로 사용할 경우에는 프로그램 내용에 대한 이해가 쉽지 않을 수 있다. 따라서, 이러한 혼돈을 최소화하기 위해서는 일관적인 명칭설정 기준이 필요한데, 이것을 Naming rule이라 정의한다. 각 요소의 initial을 최대한 활용하여 정의하고, underscore('_')

뒤에는 해당하는 요소의 기능에 부합하는 세부 명칭을 추가한 형태를 취하는 방법이 가장 일반적인 방법이다. 물론, 이러한 Naming rule은 강제적이거나 필수적인 내용이 아니므로, 시뮬레이션 모델 개발자의 의도에 따라 일관성 있게 정의되면 실질적으로는 문제는 없을 것이다.

Process

(1) 기능개요

Process는 시뮬레이션 모델내에서 구성되는 각종 처리방법이나 운영기준 등을 포함하는 기본단위를 의미한다. 따라서, 시뮬레이션 모델에서 관측대상이 되는 Load에 적용되는 각종 작업방법이나 처리단계 등을 표현하는 기본 항목으로 생각할 수 있다. 물류센터에서의 입고작업을 표현하는 경우를 고려해보자. 차량에서 하화(Unloading)하여 저장위치로 이송(Moving)하는 작업을 모델링하기 위해서는 두 가지의 작업단위인 하화(Unloading)와 이송(Moving)을 나타내는 process가 정

그림 2.2　Process를 생성하기 위한 메뉴화면

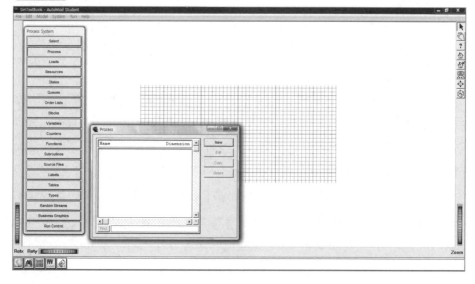

의되어야 한다. 즉, process는 시뮬레이션 대상이 되는 load가 처리되는 방법을 단계적으로 정의하고 포함하는 기능을 갖는다.

그림 2.3 Process 정의에 필요한 항목정의 화면

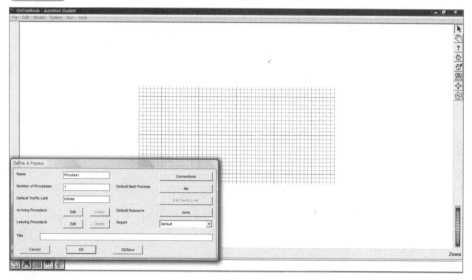

그림 2.4 Process 상세 정의를 위한 편집화면

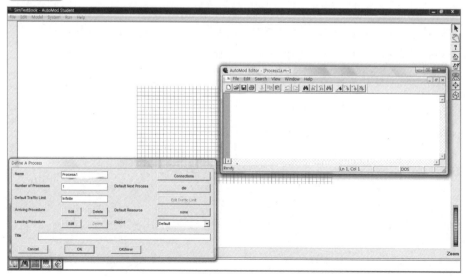

| 표 2.2 | Process 생성화면의 항목 설명 |

정의항목	상세 설명
Name	해당하는 프로세스의 이름을 정의
Number of Processes	동일 명칭을 갖는 프로세스의 개수를 설정
Default Traffic Limit	해당하는 프로세스를 통과하는 Load개수를 제한
Arriving Procedure	정의되는 프로세스가 실행되는 시점을 Load 도착시점에서부터 설정하는 경우
Leaving Procedure	정의되는 프로세스가 실행되는 시점을 Load가 떠나는 시점을 기준으로 설정하는 경우
Connections	해당하는 프로세스를 마친 Load가 연속적으로 적용되는 다음 프로세스의 명칭을 설정
Title	해당하는 Process의 설명을 추가하는 항목

(2) 구현 및 적용 방법

1) 프로그램 기본 문장구조

앞서 설명된 바와 같이, AutoMod®에서 구성되는 프로그램은 "Process"라 불리는 모듈단위로 구성되어 있다. 분석 및 설계대상이 되는 물류시스템을 분석하여 1) 시스템을 구성하는 물류처리기능을 모듈화하고, 2) 각 모듈별로 처리기능을 구성하여, 3) 각 모듈을 연계하는 흐름을 연결하는 형태로 진행된다. 이때, 각 모듈을 연계하는 방법은 물류시스템 내에서 분석대상(예: 물류센터내 제품, 생산라인에서의 제품 등)의 움직임(또는 흐름)을 시계열(Time Series)에 따라서 정리하고, 이를 기본 작업(또는 기능) 단위로 구성하는 방법을 취하게 된다. Process단위의 운영모듈을 구성하는 방법은 다음과 같은 기본구성을 취하게 된다.

```
Begin Proc_Name arriving procedure
   ……………………………………………
   [Proc_Name]으로 정의된 모듈에서의 처리기능을 구성
   …………………………………………….
End
```

『Begin ~ End』 형태로 구성된 각각의 기능모듈은 "Send" 기능을 이용하여 Process로 구성된 모듈간 연결을 진행할 수 있다. 즉, 아래의 구성방법에서와 같이, "Proc_A"와 "Proc_B"로 구성된 모듈을 연결하는 방법은 "Proc_A"에 해당하는 단위기능을 진행한 후에, 해당하는 Load를 "Proc_B" 로 넘겨주는 형태를 취한다. 즉, 임의의 Load가 "Proc_A"에 도착하면 "Proc_A"에 정의된 각 세부작업을 진행하고, "Proc_A"의 기능이 실행된 후에 "Proc_B"로 이동하여 추가적인 기능을 수행하게 된다.

```
Begin Proc_A arriving procedure
    [Proc_A]에서 처리하는 기능을 구성
    send to Proc_B
End

Begin Proc_B arriving procedure
    [Proc_B]에서 처리하는 기능을 구성
End
```

따라서, AutoMod®에서 시뮬레이션 모델을 구성하는 가장 기본적인 형태를 다시 한번 정리하면 다음과 같다. 우선 분석대상이 되는 물류시스템 내에서 이루

그림 2.5   Process간 Load 연계 형태

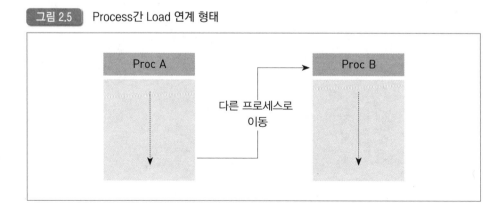

어지는 물자의 흐름구조를 모듈화한다. 다음으로 구성된 모듈을 Process 시스템으로 구성한다. 구성된 단위모듈을 물자의 흐름에 따라 연결하여 구성한다.

2) 적용 예제

아래의 예제에서는 물류센터에서 이루어지는 입고작업의 효율성을 분석하는 문제를 생각해보도록 하자. 물류센터에 입고될 제품은 차량에서 내려져서 입고품질검사를 거쳐서 물류센터내 입구지역에 평치(Block Stacking)되었다가 이후에 랙저장(Rack Stacking)시설로 이동하여 저장되는 과정을 거치게 된다. 본 시뮬레이션의 목적은 입고로부터 랙저장 시설에 이송까지의 소요시간의 적정성을 검토하기 위한 것이다. 아래에는 3개의 모듈을 구성하여 제품이송과정을 시뮬레이션하고자 한다. 먼저, "Proc_Receiving"은 물류센터 입고dock에 제품이 도착하는 과정을 나타내고, "Proc_BlockStacking"은 입고검사 후에 평치공간으로 이동하는 과정, 마지막으로 "Proc_RackStacking"은 랙저장 시설에 적치되는 기능을 구성한 것으로 가정한다.

```
Begin Proc_Receiving arriving procedure
    [제품이 물류센터에 도착하여 입고작업을 진행하는 절차를 구성]
    send to Proc_BlockStacking
End

Begin Proc_BlockStacking arriving procedure
    [입고Dock에서 처리후에 입고검사를 진행하는 절차를 구성]
    send to Proc_RackStacking
End

Begin Proc_RackStacking arriving procedure
    [랙저장시설에 적치되는 기능을 구현]
End
```

● **procindex 활용방법**

Process를 구성하는 과정에서는 동일한 Process명으로 여러 개의 Process를 운영해야 하는 경우가 발생한다. 다음과 같은 운영상황을 고려해보자. GSL물류센터 내에서는 제품의 착지별로 저장공간이 고정화하여 운영하고 있다. 제품속성별로 고정적이고 전용화된 저장공간을 운영하는 방식을 전용저장공간 운영방식(Dedicated Storage Policy)이라고 칭한다. 따라서, GSL물류센터에서는 입고된 제품의 착지를 확인하여 해당하는 저장위치로 이송하게 된다. 이러한 운영방법을 시뮬레이션하는 경우에 모든 제품은 착지에 관계없이 동일한 입고과정을 거치고, 이후에 착지별로 별도의 저장위치로 이송하게 된다. 입고과정을 Proc_Receiving으로 정의하고, 착지별로 저장되는 기능을 Proc_Storage로 정의한다. 제품의 착지는 3곳이고, 각 착지를 1,2,3 digit으로 설정하고 이를 각 제품의 attribute로 설정한다. 아래의 예제에서와 같이, 입고제품은 각각이 attr_destination의 값을 갖고 있고, 물류센터에 도착하면 각각의 도착지에 따라서 Proc_Storage로 이동하게 된다. Procindex는 Process index를 의미하고, Process를 정의하는 단계에서 Process 수를 정의하게 되는데, 이에 해당하는 인덱스를 의미한다. 아래의 예제에서는 Proc_Storage process를 정의할 때, process수를 3으로 지정하게 된다. 아래의 예제에서와 같이, 제품정보에 포함되어 있는 정보를 Proc_Storage로 보내면 Proc_Storage에서는 procindex 정보를 이용하여 저장기능으로 투입된 제품의 착지정보에 따라서 별도의 기능을 추가적으로 이용하게 된다(물론, 아래 예제의 경우는 procindex 대신에 제품정보를 직접 이용하여 저장기능을 수행할 수 있다. 이러할 경우는 Proc_Storage process를 정의하는 과정에서 Process수를 1로 지정하면 된다.).

```
Begin Proc_Receiving arriving procedure
      send to Proc_Storage(this load att_destination)
End

Begin Proc_Storage arriving procedure
    if procindex is 1 then
```

```
begin
……  // (load attribute인 attr_destination 값이 1인 경우에 해당)
end
    if procindex is 2 then
begin
……  // (load attribute인 attr_destination 값이 2인 경우에 해당)
end
    if procindex is 3 then
begin
……  // (load attribute인 attr_destination 값이 3인 경우에 해당)
end
End
```

• oneof 기능 활용방법

시뮬레이션 모델구성과정에서 현재 프로세스(Current Process)를 마치고 분기되는 다음 프로세스(Next Process)를 임의적으로 선택하여야 하는 경우가 있다. 예를 들어, 다음과 같은 경우를 고려해보자. 생산공정에서 만들어진 제품은 품질검사과정을 통해서 양품(Good Quality)인 경우는 제품포장과정을 거쳐서 완제품창고에 저장되는 과정을 거치고, 불량품(Bad Quality)의 경우는 불량원인 파악 후에 해당하는 공정으로 다시 돌아가는 제조공정을 거치는 형태를 취하고 있다. 양품에 해당하는 공정을 포함하는 프로세스를 Proc_A로 정의하고, 불량품에 해당하는 제품에 대한 추가공정을 Proc_B라는 프로세스로 정의하였다. 품질검사 실적분석결과에 의하면 생산된 제품의 2/3정도는 양품이 만들어지고, 나머지 1/3에 해당하는 제품은 불량품으로 판정되는 것으로 정리되었다. 이러한 제조공정특성과 불량품 실적을 기준으로 품질검사에 따른 Proc_A, Proc_B로의 분기를 위한 구현방법은 다음과 같다.

```
send to oneof(2:Proc_A, 1:Proc_B)
```

즉, Proc_A와 Proc_B의 2개 중 하나로 분기를 하되, 각각의 프로세스로 분기되는 비율을 각각 2/3, 1/3로 정의한 형태가 된다. AutoMod®에서는 위의 명령어에 Load 가 도착한 경우에 random number를 생성하여 그 기준에 따라 임의적으로 2/3는 양 품기준의 Proc_A로 나머지는 불량품 기준의 Proc_B로 구분하여 분기하는 기능을 실 행하게 된다.

- ● nextof 기능 활용방법

앞서 정의된 oneof 기능은 개발자가 정의한 점유비율을 기준으로 next process를 정의하는 형태를 설명하였다. 이러한 점유비를 기준으로 random number에 의해서 임의의 값을 선택하는 방법 이외에도 일정한 패턴을 갖고 순차적으로 프로세스를 선 택하는 방법 또한 이루어질 필요가 있다. 다음의 예를 한번 생각해보자. 생산이 완료 된 제품은 제품출하를 위한 포장작업을 진행하게 된다. 포장작업의 처리속도가 제품 생산소요시간보다도 길게 걸림에 따라 포장작업은 두 군데에서 병행적으로 이루어 진다. 따라서, 생산이 완료된 제품은 순차적으로 각 포장공정으로 이송되게 된다. 이 를 각각 Proc_A, Proc_B로 가정하자. 즉, Proc_A에 해당하는 포장공정과 Proc_B에 해당하는 포장공정이 순차적(alternatively)으로 선택되는 형태의 운영방법을 구현하 고자 한다. 이러한 경우에 사용할 수 있는 방법인 nextof 기능을 다음과 같이 사용할 수 있다.

send to nextof(Proc_A, Proc_B, Proc_C)

Load

(1) 기능개요

Load는 실제로 시뮬레이션 과정을 통해서 관찰대상이 되는 하나의 흐름단위 (Flow unit)로 정의할 수 있다. 물류시스템에 한정하여 가시적인 Load(Visible Load) 의 예제는 다음과 같은 경우를 들 수 있다.

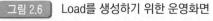

그림 2.6 Load를 생성하기 위한 운영화면

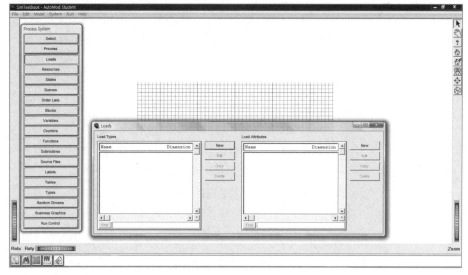

- 물류센터내에 입/출고 단위가 되는 Pallet단위의 적재물
- 주차장의 혼잡률 분석을 위한 출입 차량 단위
- 직원 식당에서 식사를 위한 줄에서 기다리는 직원들
- 생산라인에서 컨베이어 벨트에 놓여있는 가공물

실제 시뮬레이션 모델 구성과정에서는 이러한 가시적인 객체(Visible object) 외에도 물리적으로는 구현되지 않으나, 물류시스템 운영과정에서 절대적으로 필요한 요소를 나타내는 비가시적 객체(Invisible object)의 구성도 절대적으로 필요하다. 비가시적 객체의 대표적인 예는 물류시스템내에서 발생하는 각종 정보의 단위를 의미하는 것이다. 이에 대한 적합한 예로는 다음의 사항을 들 수 있다.

- 현재 완제품 창고의 재고수준을 파악하는 작업지시
- 재고수준이 관리치 이하인 경우 재고 후보충(Replenishment)을 위한 제품 이송지시

위의 [그림 2.6]에서와 같이, "Loads"에 해당하는 메뉴를 선택하면 세부적인

Load 정보를 생성하기 위한 화면이 제공된다. 앞서 그림에서와 같이, Load를 정의하기 위한 요소는 크게 두 가지 항목으로 구성된다. 먼저, "Load Type"은 생성하고자 하는 Load의 명칭과 이를 생성하기 위한 상세정보를 포함하고 있다. "Load Attribute"는 생성된 Load에게 부여되는 고유 특성치(Attributes)를 정의하기 위한 것이다. Load type과 Load attribute에 대한 이해를 위해서 다음과 같은 예를 생각해보자.

"A사의 생산라인에서는 자동차 브레이크 제품 중 하나인 ABS제품을 생산하고 있다. 이 제품은 통상적으로 시간당 80개를 만들 수 있는 생산능력을 확보하고 있다. 해당하는 제품은 외형적으로는 동일하나, 총 5개 고객사에 납품할 제품이 random하게 일정비율로 생산되고 있다. 생산라인의 마지막 공정은 출고품질검사(OQC: Out-going Quality Control)를 진행하고 있다. 고객사마다 요구하는 품질수준 및 품질검사항목이 다르므로, 품질검사를 담당하는 직원은 해당하는 제품의 고객사를 확인하여 세부적인 작업을 진행하고 있다."

위의 예에서는 동일한 제품에 대해서 고객사별로 상이한 품질요구수준에 따라 품질검사업무를 진행하고 있다. ABS제품은 Load type으로 정의할 수 있고, 각 제품별 고객사 정보는 정의된 Load type이 갖는 Load attribute로 설정할 수 있다. 예를 들어, Load attribute를 "CustomerName"으로 정의하고 각 제품마다 고객사명을 가상적으로 부여할 수 있다. 시뮬레이션 모델내에서는 해당하는 Load의 attribute를 확인하여 사전 정의된 업무기준에 따라 품질관리 기준을 적용할 수 있다. 이 외에도 Load type과 Load attribute는 다음과 같은 경우도 생각해볼 수 있다.

표 2.3 시뮬레이션 분석대상별로 설정할 수 있는 Load형태

분석 대상	Load 형태 (Load type)	Load 속성 (Load Attribute)
식당 배식대 부하 분석	고객	고객별 선호메뉴
항만 컨테이너야드 부하분석	컨테이너	컨테이너 저장위치, 중량
물류센터 저장능력 분석	팔렛	팔렛 저장위치, 행선지
교차로 교통혼잡도 분석	차량	차량 진행방향

그림 2.7   Load 정의에 필요한 항목정의 화면

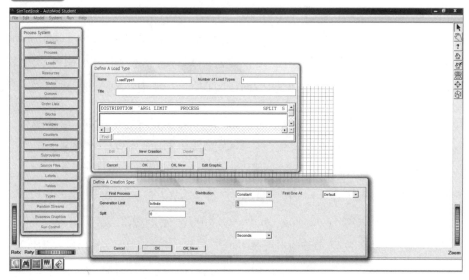

표 2.4   Load 생성화면의 항목 설명

정의항목	상세 설명
First Process	해당하는 Load가 생성된 후, 가장 먼저 적용되는 프로세스명을 설정한다. 즉, 시뮬레이션 대상이 되는 Load가 생성되어 가장 먼저 반영되는 프로세스명을 지정하면 된다.
Generation Limit	해당하는 Load의 생성개수를 사전 지정하는 옵션임. 예를 들어, 이 값이 1000으로 설정되어 있다면 시뮬레이션이 실행된 후 정확히 1000개의 Load만 생성된다. 시뮬레이션 목적이나 적용방법에 따라 이 수치를 특정값으로 설정할 수도 있고, Infinite로 설정할 수도 있다.
Split	Load의 운영형태에 따라서 동일 작업이 동시에 진행되어야 하는 경우도 있다. 이러한 경우에는 하나의 Load가 동시에 여러 개의 Load로 분할되어 동시 다발적인 움직임을 나타낼 수 있다. 이 옵션은 이러한 경우에 이용할 수 있다.
Distribution	Load 생성에 있어서 가장 중요한 사항 중의 하나는 Load가 생성되는 시간구간(Time interval)의 설정이다. 통상적으로, 이러한 Time interval은 확률분포를 가정하여 설정한다. Distribution은 이러한 Time interval 설정을 위해서 적용할 확률분포를 설정하는 기능이다.
Mean	Distribution 항목에서 정의된 분포유형에 따라 확률분포별로 파라미터 설정이 필요하다. 대표적인 값으로는 확률분포치의 평균값(Mean)이고, 필요에 따라서는 분산(Variation)까지 포함되어야 한다. 이 항목은 이러한 파라미터를 설정하기 위한 항목이다.
First One At	시뮬레이션 모델을 실행한 경우에 첫 Load가 생성되는 시점을 설정하는 옵션이다. 시뮬레이션 시작시간을 기준으로 Load 생성시점을 설정함으로써 시뮬레이션 모델 운영을 조정할 수 있다.

(2) 구현 및 적용 방법

Load를 생성하고 시뮬레이션 모델내에서 적용하는 방법 중에서 가장 많이 사용하는 기능은 1) Load의 attribute(속성치) 관리, 2) Load형태(Load type)관리로 구분해볼 수 있다. 아래의 프로그램 코드를 참고해보도록 하자. 아래의 예제에서는 AutoMod®에서 가장 많이 사용되는 명령어 중의 하나인 "Set" 명령어를 이용한 사례이다.

AutoMod®에서는 다양한 형태의 Load형태(Load type)을 사용자가 사전 정의하여 시뮬레이션 모델에서 사용할 수 있다. 예를 들어, 물류창고에 입고되는 모든 Pallet은 입고 시점에서는 Blue color로 표현하기 위해서 L_Blue_Pallet이라는 Load type을 정의한 것으로 가정하자. 입고된 Pallet은 제품의 착지거리에 따라서 단거리 권역과 장거리 권역으로 구분해서 시뮬레이션 모델에 표현하고자 한다. 따라서, 단거리 권역에 해당하는 Pallet은 Green색상으로 표현하고, 장거리 권역에 해당하는 Pallet은 Red색상으로 표현하고자 한다. 과거 입고실적을 분석해 본 결과, 입고된 Pallet의 60%는 단거리 권역의 착지를 갖는 것으로 분석되었고, 40%는 장거리 권역을 갖는 것으로 조사되었다. 시뮬레이션 모델에서는 이러한 권역별 점유율을 이용하여서 입고 pallet의 색상을 구분관리하고자 한다.

```
set this load type to L_Blue_Pallet
set this load attr_zone to oneof(3:1, 2:2)

if this load attr_zone is 1 then
begin
set this load type to L_Green_Pallet
// (1번 지역으로 이송되는 제품은 Green색의 Pallet)
end

if this load attr_zone is 2 then
begin
set this load type to L_Red_Pallet
// (2번 지역으로 이송되는 제품은 Red색의 Pallet)
end
```

위의 예제에서는 3개의 Load type과 1개의 Load attribute를 사용하여 처리하였다. 먼저 Load type으로는 L_Blue_Pallet, L_Green_Pallet, 그리고 L_Red_Pallet을 사용하였다. 각각은 입고된 모든 Pallet, 단거리 권역에 해당하는 Pallet, 그리고 장거리 권역에 해당하는 Pallet으로 구분할 수 있다. 또한, 이러한 Pallet의 권역을 구분하는 Pallet속성으로는 attr_zone을 이용하여 단거리 권역은 '1'을 이용하고, 장거리 권역은 '2'를 이용하여 구분하였다. 이러한 Load attribute는 각각 60%, 40%의 비율로 생성되어 그 값에 따라 권역이 정해지고 또한 Load의 형태도 구분 적용된다.

3. Resource

(1) 기능개요

시뮬레이션 모델에서는 하나의 Load는 여러 형태 또는 다단계의 처리작업에 의해서 처리된다. 일반적으로 하나의 단위작업을 진행하기 위해서는 단위작업 진행을 위한 다양한 형태의 resource가 운영된다. Resource에 대한 이해를 위해서 다음의 두 가지 예제를 생각해보자.

[예제-1] 전자부품을 생산하는 A업체는 공급사로부터 납품되는 모든 제품에 대해서 자재창고 입고작업시에 모든 제품에 대해서 전수검사를 실시한다. 납품제품은 통상적으로 Box형태로 관리되고, 1Box분량에 해당하는 납품자재를 입고검사하는 작업(IQC, In-coming Quality Control)에 소요되는 처리시간은 1명의 검사자가 평균적으로 10분이 소요되는 것으로 조사되었다. 입고처리 작업자와의 인터뷰를 통해서 전수검사에 따른 입고작업자의 작업부하가 높은 것으로 의견이 모아졌다. 시뮬레이션 분석자는 현재 1명의 입고작업자가 수행하는 작업의 부하율을 분석하고, 추가인력을 배치하여야 하는지에 대한 검토를 하고자 한다.

[예제-2] B사는 소재를 공급받아서 자동화된 생산라인상에서 5개의 공정을 통하여 완

제품을 생산하고 있다. 각 생산공정은 완전 자동화되어 있으며, 공정간은 컨베이어 벨트로 연결되어 있다. 각 공정에서는 자동화된 로봇에 의하여 작업이 진행되고, 평균작업 소요시간은 각각 5초, 6초, 10초, 4초, 그리고 6초로 설정되어 있다. 공정별 작업처리시간이 평준화(LOB, Line Of Balance)되어 있지 않아서, 특정 공정사이에서 재공(WIP, Work-In-Process)이 증가하여 컨베이어 벨트상에서 가공제품이 정체되는 현상이 자주 발생하고 있다. 이러한 제품 정체에 의해서 전체적인 공정가동률이 저조한 것으로도 조사되고 있다. 시뮬레이션 분석자는 현재 5개 공정의 작업소요시간 기준으로 부하공정의 위치를 도출하고, 이를 기준으로 재공의 증가분을 감안하여 컨베이어 벨트 Layout도 개선할 계획이다.

위에서 언급된 두 가지의 시뮬레이션 모델을 구성하기 위해서는 우선적으로 Load와 Resource에 대한 개념적 설정이 필요하다.

표 2.5 설정예제별 Load 및 Resource 정의 예시

예제	Load	Resource	Resource 수
예제-1	입고제품(Box)	입고작업자	1
예제-2	가공소재	5개의 단위 공정	5

[예제-1]의 경우는 공급사로부터 납품되는 모든 제품에 대해서 Box단위로 입고품질검사(IQC, Incoming Quality Control)를 진행한다. 즉, 모든 입고제품은 입고작업자를 반드시 거쳐야만 다음 작업을 진행할 수 있다. 그러나, 입고작업자가 작업일 경우(Busy state)는 작업자의 상태가 유휴상태(Idle state)가 될 때까지 대기하였다가 입고검사를 받는 형태의 작업이 진행되어야 한다. [예제-2]의 경우에서도 5개의 공정을 통하여 완제품이 생산되는 경우에도 각 가공품은 순차적으로 해당하는 공정이 가용할 때까지 대기하였다가 서비스를 받고 후속작업을 진행하게 된다. 시뮬레이션의 분석목적으로 각 resource의 가동률 수준에 대한 분석, 해당하는 resource에 의해서 서비스를 받기 위한 대기시간(Waiting time) 등에 대한 다양한 분석이 가능하다.

그림 2.8   Resource를 생성하기 위한 운영화면

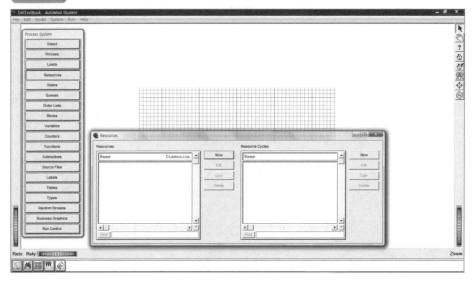

그림 2.9   Resource 정의에 필요한 항목정의 화면

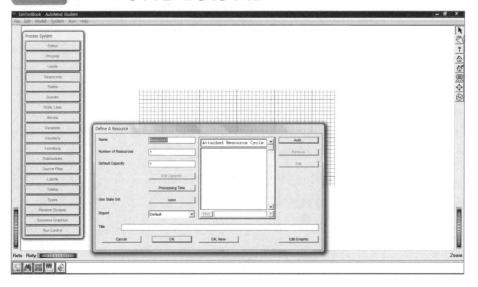

정의항목	상세 설명
Name	리소스의 이름을 설정
Number of Resources	동일한 명칭을 갖는 리소스의 수를 설정
Default Capacity	해당하는 리소스가 동시에 처리할 수 있는 Load개수를 설정하는 항목
Use State Set	Resource 상태(State)를 나타내는 표식체계(Tag)를 적용하는 항목
Attached Resource Cycle	Resource 가용여부(On/Off 또는 Busy/Idle) 주기 및 반복형태를 정의하는 항목
Edit Graphics	적용할 resource를 시각적으로 표현하기 위한 기능이다. 이 메뉴에서는 기존에 작성된 그래픽 이미지(*.cel)를 import하여 다양한 형태의 resource 모양을 적용할 수 있다. Resource의 그래픽 이미지(위치, 크기 등) 편집은 Rotation, Translation, 그리고 Scale 기능을 이용하여 조정할 수 있다.

표 2.6 Resource 생성화면의 항목 설명

(2) 구현 및 적용 방법

1) 프로그램 기본 문장구조

앞서 설명된 바와 같이; Resource는 시뮬레이션 모델 구성에 필요한 각종 자원, 설비, 유틸리티 등에 적용할 수 있다. 또한, 필요에 따라서는 이러한 직접적인 자원요소(Physical Resource) 뿐만 아니라 다양한 형태의 개념적인 자원체계(Conceptual Resource)에도 필요에 의해서는 적용할 수 있다. AutoMod®에서의 Resource의 사용은 핵심적으로는 Resource의 상태(State)를 관리하는 방법을 담고 있다. 즉, 사용하고자 하는 resource의 상태가 원래의 기능을 수행하고 있는 경우(Busy), 작업내역이 없어서 휴지상태인 경우(Idle), 그리고 이와는 관계없이 resource의 상태가 고장상태인 경우(Fail)로 구분해 볼 수 있다. 따라서, resource의 상태를 정상작동상태인 경우와 고장상태로 구분하여 적용하는 방법은 각각 "bring up" 또는 "take down"의 명령어를 사용한다. 또한, bring up상태에서는 busy상태와 idle상태로 구분하여 적용된다. Busy상태를 나타내는 방법으로 "use" 명령어를 사용한다. 즉, use 명령어에 적용된 시간 동안에는 resource의 상태를 busy로 설정하고, 그 외의 시간에는 idle 상태로 간주하여 각종 통계치를 산정한다.

(Resource 사용방법) 사용유형: Use 'Resource_Name' for <u>사용시간</u>
(Resource 상태설정) bring up 'Resource_Name',
                    take down 'Resource_Name'

2) 적용 예제

다음의 운영상황을 고려해보도록 하자. 물류센터로 입고된 제품을 적치위치로 이송하기 위해서는 A사는 수작업으로 이송장비를 사용하고 있다. 이송작업을 진행하는 작업자는 2시간 간격으로 이송작업과 휴식시간을 취하게 된다. 즉, 2시간동안 이송작업을 진행하면 2시간 동안의 휴식을 갖고 다시 2시간 동안 이송작업을 진행하는 형태로 작업을 진행하게 된다. 입고위치로부터 적치위치로 이송하여 제품을 적치하고 다시 입고위치로 돌아오는 시간은 각 제품마다 해당하는 소요시간을 Load attribute로 관리하고 있다. 다음의 예제는 2개의 process로 구성되어 있다. 먼저, Proc_Resource_Mgt는 이송작업을 하는 작업자의 근무형태를 관리하기 위한 기능을 포함하고 있는 프로세스이고, Proc_Transfer는 입고된 제품이 적치위치에 이송되는 작업형태를 표현하기 위한 프로세스내용을 담고 있다. 이러한 예제를 진행하기 위해서 다음의 두 개의 Load를 정의할 수 있다.

- L_Rsc_Mgt: "Proc_Resource_Mgt"를 적용하기 위한 Load이고, 시뮬레이션 모델 구동시에는 한 개만 생성하게 된다. Proc_Resource_Mgt에서 구현된 바와 같이, 하나의 Load는 시뮬레이션 구동과 동시에 생성되어 R_Transfer의 상태를 반대로 변경시키는 행위를 진행하고 2시간 동안의 대기시간 뒤에 반복적으로 (Recursively) Proc_Resource_Mgt로 적용되는 형태를 취한다.

- L_Pallet: 실제 입고 후 이송이 되는 적치물을 나타낸다. 입고대상이 되는 개수만큼 설정하고, Load의 발생주기는 임의적으로 설정하여 시뮬레이션을 구동할 수 있다. 각 Load는 입고완료를 위해 소요되는 시간을 Load 속성으로 정의하고, 해당하는 시간만큼 R_Transfer를 사용하는 형태를 취하고 있다. 다음의 예제에서는 이송 사이클 소요시간을 정규분포(평균: 10, 표준편차: 2) 형태로 가정하여 임의적으로 생성하는 형태를 취하고 있다.

```
Begin Proc_Resource_Mgt arriving procedure
  if R_Transfer is up then
  begin
     take down R_Transfer
  end
  if R_Transfer is down then
  begin
     bring up R_Transfer
  end
  wait for 2 hours
  send to Proc_Resource_Mgt
End

Begin Proc_Transfer arriving procedure
  set this load attr_move_to n 10, 2
  use R_Transfer for attr_move min
End
```

4 ▲ States

(1) 기능개요

시뮬레이션 결과분석을 진행하는 과정에서 다양한 형태의 통계치를 도출하는 경우가 발생할 수 있다. 예를 들어, 물류센터내의 자동분류기의 가동률이 처리물량의 변화에 따라서 어떻게 변화하는지를 분석하는 경우를 생각해보자. 자동분류기의 상태는 크게 두 가지로 구분해볼 수 있겠다. 첫 번째는 자동분류기가 어떠한 형태의 주어진 작업을 진행하는 경우이고, 다른 하나는 작업대상재가 없어서 휴지상태에 있는 경우를 생각해볼 수 있다. 즉, 자동분류기가 Busy한 경우와 Idle상태에 있는 경우를 생각해볼 수 있겠다. AutoMod®내에 포함되어 있는 시스템들(Path Mover, conveyor 등)의 경우는 이러한 대상 시스템의 상태에 대해서 자체적인 통계치를 관

States를 생성하기 위한 운영화면

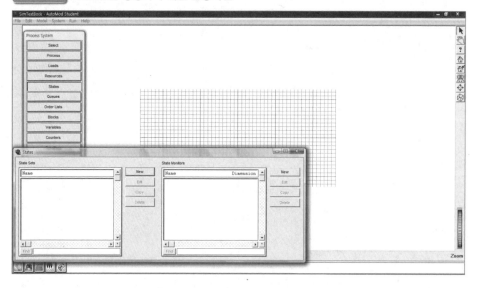

State 정의에 필요한 항목정의 화면

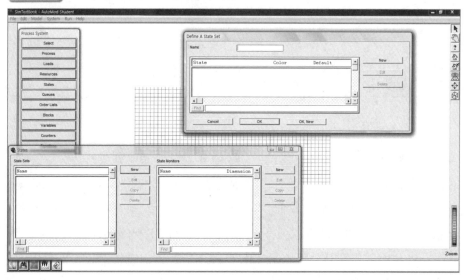

리하는 기능을 제공하지만, 사용자가 분석목적에 따라 적용한 시스템에 대해서는
이러한 상태관리를 위한 별도의 기능을 구현하여야 한다. 이러한 필요성이 있는 경

우에 사용하는 방법이 바로 States 기능이다. 즉, 사전적으로 자동분류기의 상태를
Busy와 Idle 상태로 정의하고 자동분류기의 작업행위에 따라 이러한 상태를 변화
시키면서, 시뮬레이션 완료 후 상태에 대한 추가적인 통계치를 도출하는 것이다.

(2) 구현 및 적용 방법

1) 프로그램 기본 문장구조

set 'State Monitors' to 'State'

2) 적용 예제

다음의 적용사례를 살펴보도록 하자. A-물류센터에서는 제품출고를 위한 상
차작업을 위해서 Forklift를 이용하고 있다. 제품출하작업에 이용되는 forklift의 작
업부하수준을 분석하기 위해서 forklift가 움직이고 있는 상태와 정지상태의 idle
상태로 있는 경우를 구분하여 분석하고자 한다. 아래에는 Forklift의 상태를 Busy
와 Idle에 해당하는 두 가지 States를 설정한 화면이다. [그림 2.12]에서와 같이,
Forklift의 상태를 나타내는 State Sets을 'StateForkLift'로 정의하고, 이러한 States
를 관리하는 State Monitors를 'SM_ForkLift'로 설정하였다. 즉, State Sets은 관리대

그림 2.12   State정의에 필요한 항목정의 화면

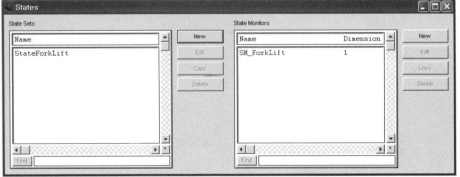

그림 2.13 State Set 설정화면

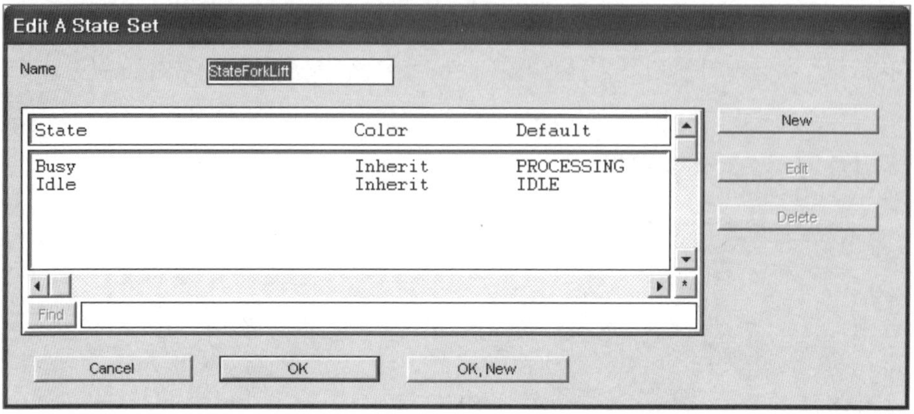

상이 되는 States를 정의하기 위한 State의 집합명이고, 이러한 집합명 중에 하나를
State Monitors에 해당하는 값에서 관리하는 것이다. State Sets의 구체적인 정의방
법은 새롭게 정의된 State Sets를 선택하고 'Edit' 메뉴를 선택하여 2개의 States를
위 화면에서와 같이 추가적으로 설정하면 된다.

State sets과 State Monitors를 이용하여 정의된 States는 AutoMod® code에
서는 다음과 같은 형태의 문장을 이용하여 활용할 수 있다. 아래의 예제는 Path
Mover System내에서 제공해주는 Vehicle procedure내에서 States를 사용하는 방
법을 구성한 예제이다. 다음의 예제에서와 같이 Forklift가 어떠한 제품을 이송하
는 경우(즉, move to deliver)에는 State Monitors인 'SM_Forklift'를 State sets 중의
하나인 'Busy'로 설정하고, Forklift가 Idle상태인 경우에는 반대로 'SM_Forklift'를
'Idle'로 설정하면 된다.

```
Begin ForkLift move to deliver procedure
  set SM_ForkLift to  Busy
End

Begin ForkLift idle procedure
  set SM_ForkLift to  Idle
End
```

그림 2.14 State Report 화면

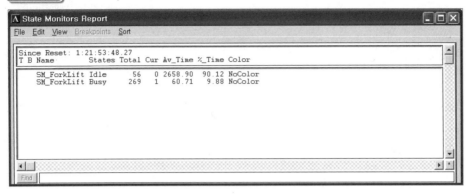

이러한 방법으로 설정된 States는 시뮬레이션 실행 후에 결과 report에서 위와 같은 형태의 통계치를 확보하여 분석을 할 수 있다. 다음의 결과 report화면에서와 같이, 'SM_Forklift'에 해당하는 State Monitor에서는 총 시뮬레이션 시간을 1일 22시간 정도를 실행한 경우에 Forklift가 Idle상태로 있는 경우는 90.12%에 해당하고, Busy상태인 경우는 9.88%로 분석되었으며, Idle상태로 있었던 경우는 총 56회이고, Busy상태인 경우는 총 269회에 해당하는 것으로 분석된다.

5. Queues

(1) 기능개요

일반적으로, Queue는 대기행렬을 의미하며 서비스를 제공하는 server의 부하가 발생한 경우 특정 위치나 공간에 임시적으로 머무르면서 대기하는 물리적인 또는 가상적인 공간을 의미한다. AutoMod®에시는 앞서 설명된 Load가 시뮬레이션에서 적용되는 Process단위의 물류시스템을 진행하는 과정에서 이루어지는 각종 작업(예: 가공, 운송, 이송, 저장 등)을 위해서 임시적으로 정체되는 공간으로 생각할 수 있다. Queue는 이러한 정체현상이나 대기가 발생하는 물리적인 공간을 나타내기 위해 사용하는 중요한 방법이다.

그림 2.15   Queue를 생성하기 위한 운영화면

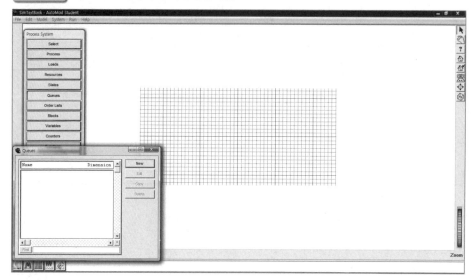

그림 2.16   Queue 정의에 필요한 항목정의 화면

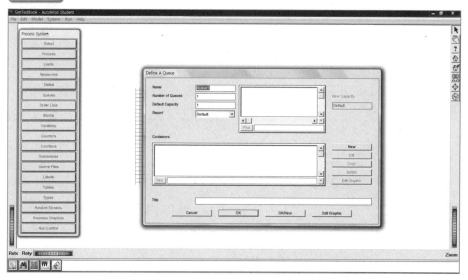

| 표 2.7 | Queues 생성화면의 항목 설명 |

정의항목	상세 설명
Name	Queue의 이름을 정의하는 항목 (명칭을 Naming rule에 설정하고 그 기준에 따라서 부여하는 방법을 취하는게 바람직함.)
Number of Queues	위의 Name에서 정의된 Queue의 이름을 갖는 동일한 형태의 Queue 개수를 설정하는 것이다. 예를 들어, 물류센터에서 차량에서 하화된 제품을 세 군데의 임시적치장에 적치하는 형태를 나타낼 필요가 있는 경우를 가정하면, 해당하는 임시적치장의 이름을 'Q_Stack'으로 정의하고 해당하는 Queue 수를 '3'으로 설정하는 것이다.
Default Capacity	위의 예에서와 같이, 세 개의 임시적치장의 적치능력이 제품기준으로 최대 10개라고 조사되었다면, Capacity는 10으로 입력한다. 경우에 따라서는 이러한 Queue의 별도 능력을 설정할 필요가 없거나 그 저장능력의 제한이 없는 경우는 'Infinite'로 설정한다.
Containers	Queue는 시뮬레이션 모델 구성과정이나 시뮬레이션 가동 중에 시각적으로 적치공간을 나타내는 주요한 요소로서 사용된다. Container는 Queue라는 공간내에서 제품이 배치되는 하나의 공간기준점을 의미한다. 또는, 사전적으로 Queue내에 적치공간에 해당하는 사전적인 위치가 정의되어 있다면 그 적치위치를 Container로 설정한다.
Edit Graphics	Queue를 시각적으로 표현하기 위해 Queue의 위치 및 크기를 편집하고 조정하는 기능을 포함하는 메뉴이다. 이미지의 편집은 Rotation, Translation, 그리고 Scale 등의 기능을 이용하여 Queue를 시각화할 수 있다.

(2) 구현 및 적용 방법

앞서 정의된 바와 같이, Queue는 시뮬레이션 모형구성과정에서 어떠한 형태의 대기(Waiting)가 발생하는 현상을 표현하기 위해서 사용된다. 대부분의 경우는 특정한 서비스를 받기를 희망하는 객체가 이러한 서비스를 제공하는 공급자의 처리능력이 부족한 경우에 원치 않는 대기가 발생하게 된다. 이러한 현상을 구현하기 위해서는 서비스를 희망하는 모든 객체는 queue로 들어가서 대기하고, 대기 중에 서비스 제공자의 가용성이 확보될 경우에 서비스를 진행하게 된다. 당연히 queue로 들어가는 시점에 서비스 제공자가 가용할 경우에는 queue에서의 대기시간(Waiting time)은 발생하지 않을 것이다.

1) 프로그램 기본 문장구조

AutoMod®에서 queue를 이용한 객체의 대기현상을 표현하는 방법으로는 다음의 방법을 이용한다.

> move into 'Queue_Name'

위의 문장에서와 같이 'move into'라는 명령어를 이용하여 해당하는 queue_name에 정의하는 queue로 load를 논리적으로 이동하는 형태를 취한다. AutoMod®에서는 이러한 queue는 사전에 정의가 되어 있어야 하며, 시뮬레이션 목적상 필요 여부에 따라 queue를 graphic으로 정의할 수도 있고, 별도의 graphic 정의과정을 생략하고 논리적으로만 적용할 수 있다. 다음의 적용 예제를 이용하여 구체적인 사용방법을 알아보도록 하자.

2) 적용 예제

물류센터에 입고되는 제품은 입고차량에서 하차하여 Area-A에 임시적으로 적치되었다가 입고검사를 통하여 검사가 완료된 제품은 Area-B로 이송되는 작업내용을 고려해보자. Area-B로 이송된 제품은 별도의 작업지시에 의해서 물류센터내 최종 저장공간으로 이송하는 형태의 작업내용을 이루고 있다. 이 예제에서 하나의 제품이 적치되는 공간은 두 곳으로 고려해 볼 수 있다. 한 곳은 입고검사 작업을 위한 대기공간으로서 Area-A를 활용하여야 하고, 입고검사 후에 최종 적치 전에 저장되어야 하는 대기공간인 Area-B를 고려할 수 있다. 이러한 경우를 표현하는 구성내용은 다음과 같이 생각해 볼 수 있겠다.

```
Begin Proc_Incoming arriving procedure
    move into queue_A
    use R_Inspector for 5 sec
    move into queue_B
    send to Proc_Storage
End
```

앞서 프로세스에서는 2개의 queue를 정의하였다. Area-A를 나타내는 queue-A 와 Area-B를 나타내는 queue-B는 해당하는 queue를 정의하는 단계에서 Auto-Mod®모델화면상에 graphic image로 정의할 수 있다. 이러한 경우는 AutoMod®모 델 실행시에 직접 2개의 queue내에서 load가 쌓이는 형태를 확인해 볼 수 있을 것 이다.

6 Order Lists

(1) 기능개요

OrderList는 AutoMod®를 이용한 물류시스템의 시뮬레이션 모델을 구성하는 과정에서 상당히 긴요하게 또한 효율적으로 사용할 수 있는 방법이다. OrderList 의 활용방법이 경우에 따라서는 혼돈을 주는 경우도 있다. 그러나, 가장 직관적으 로 OrderList의 용도를 이해할 수 있는 방법은 "Order(순서)+List(배열)" 형태로 생 각하는 것이다. OrderList의 용도를 이해하기 위해서 다음과 같은 운영상황을 가정 해보기로 하자. 다음의 운영 예를 구성하는 과정에서 Load Type, Load Attribute, Queue, OrderList를 활용하고자 한다.

[운영사례 및 적용방법]

A물류센터에서는 여러 지역에서 도착하는 제품을 물류센터내의 적치장소에 저장한 다. 제품을 저장할 수 있는 공간은 10개 적치장소를 운영하고 있으며, 각 적치장소에 서는 최대 20개의 제품을 쌓을 수 있다. 물류센터에 도착하는 제품은 10개의 적치공간 중에서 적치여유가 있는 공간을 random하게 선택한다. 각 제품별로 해당하는 고객사 정보를 포함하고 있다. 고객사수는 총 5개 고객사로 제한한다. 이러한 형태로 적치된 제품은 다음의 두 가지 방법으로 선별적으로 출고되는 형식을 취한다.

(a) 5개 고객사의 수요는 각자 random하게 발생한다. 현재 물류센터내에 저장되어 있 는 주문 중에서 해당하는 고객사의 제품이 있는 경우는 출고작업을 진행하고, 제품 이 없을 경우에는 단품 처리를 한다.

(b) 5개 고객사의 수요는 각자 random하게 발생한다. 저장되어 있는 제품 중에서 물류 센터 적치시각일을 기준으로 저장일자가 빠른 제품을 고객사에 관계없이 출고하는 방법을 진행한다.

앞서 기술된 내용을 기준으로 시뮬레이션 모델을 개발하기 위한 사전적인 몇 가지의 구성요소를 다음과 같이 정의하였다.

표 2.8   시뮬레이션 모델 구성요소별 속성 정의

구성요소	정의방법	비고
제품	Load Type	-
제품별 고객사	Load Attribute	고객사 종류: 5개 고객사 (제품정보 생성시에 부여)
제품별 저장시간	Load Attribute	저장시각: 분단위 관리
저장장소	Queue	# of Queues = 10 Queue capacity = 20
고객수요	Load Type	5개 고객사별로 독립적이고, random하게 생성
고객수요의 고객사 정보	Load Attribute	수요에 포함된 고객사 정보 (고객수요 생성시에 부여)

물류센터에 입고된 제품은 10개의 저장위치 중에서 선택된 저장위치(Queue)에 저장함과 동시에 OrderList에 저장된다. AutoMod® 실행시에 물리적으로는 물류센터에 적치된 제품이 Queue에 포함되어 있는 것으로 보이지만, 실제로는 OrderList에 저장이 되어 있는 것이고 이후에 OrderList에 별도의 명령이 주어지면 OrderList에서 빠져나가면서 물리적 공간이 Queue에서도 빠져나가는 모습이 구현된다. 저장된 제품을 OrderList에서 선택하여 출고하는 형태를 구성하는 방법의 운영예제 설명을 위하여 (a) 운영방법에서는 발생된 고객수요가 갖는 load attribute(고객사명)와 OrderList에 저장되어 있는 제품들이 갖는 load attribute(고객사명)가 동일한 저장제품이 있는지를 확인하여 만족되는 제품이 있는 경우는 OrderList에서 제외하는 것이다. (b) 운영방법에서는 저장되어 있는 제품의 load attribute 중에서 고객사명이 아니라, 제품적치가 이루어지는 시점에 load

그림 2.17 OrderList를 생성하기 위한 운영화면

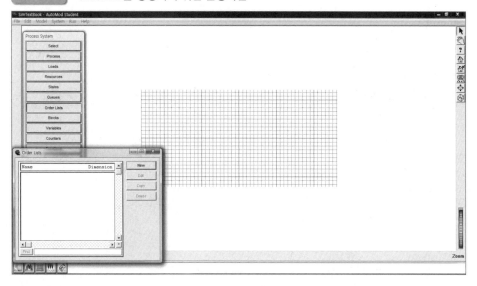

그림 2.18 OrderList 정의에 필요한 항목정의 화면

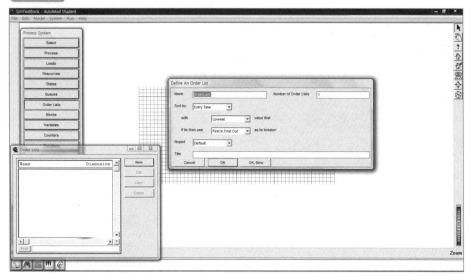

attribute(저장시각)에 시각을 설정한 뒤에 OrderList에 저장된 제품 중에서 해당하는 저장시각이 가장 빠른 적치제품을 선별하여 출고하는 방법이다.

앞서 그림에서와 같이, OrderList를 생성하는 화면에서 다음의 항목을 정의하
게 된다.

표 2.9   OrderList 생성화면의 항목 설명

정의항목	상세 설명
Name	Order List 이름 정의
Number of Order Lists	동일 이름을 갖는 Order List의 개수
Sort by [___]	Order List내에 저장된 Load를 정렬하는 기준 항목
With[___] value first	Load 정렬방법 (오름차순, 내림차순)
If then use [___] as tie breaker	정렬 기준으로 동일한 Load가 존재하는 경우에 추가 정렬 기준

(2) 구현 및 적용 방법

1) 프로그램 기본 문장구조

- wait to be ordered on 'Order_List_Name'
  관리대상이 되는 Load를 order list에 저장하는 기능
- order 'n' loads from 'Order_List_Name' to 'Next_Process'
  (또는 'Order_List_Name')
  Orderlist에 저장되어 있는 load를 n개 만큼

2) 적용 예제

물류시스템 분석과 관련해서 OrderList를 가장 많이 이용할 수 있는 부분은
바로 재고관리나 물류센터 적치관리 부문일 것이다. 예를 들어, 물류센터에 제품
을 입고한 뒤에 특정 위치에 제품을 저장한 뒤에 출하조건에 따라서 제품을 적치
위치로부터 불출하는 다음의 상황을 고려해보자.

A물류센터에는 총 5개 고객사의 제품을 취급하고 있다. 물류센터로 입고되는 제품은 입고와 동시에 각 고객사별로 5개의 제품저장위치를 설정하여 제품저장위치를 구분하여 운영하고 있다. 즉, 각 고객사별 구분에 의해 전용저장계획(Dedicated storage policy)[1]을 운영하고 있는 셈이다. 제품출하는 각 고객사별로 운송차량계획에 의해서 물류센터에 자사의 제품에 대한 출하요청이 발생하면 해당하는 제품을 차량적재능력에 따라 출고하는 형태를 취하고 있다. 즉, 고객사로부터 별도의 출하요청이 없을 경우에 임의적으로 물류센터에서 출하작업이 이루어져서는 안된다. 따라서, 입고 후 적치된 제품의 출하시점에 대해서는 별도로 사전에 정의된 운영기준이 구성되어 있지는 않다. 물류센터 관리자는 이러한 내용을 분석해보고자 한다.

[분석사항-1] 각 고객사별로 입고물량과 출하작업을 감안한 경우에 물류센터내에서 각 고객사별 제품의 입고~출하 소요시간에 대해서 분석해보고자 한다.

[분석사항-2] 물류센터내의 한정된 저장공간을 효율적으로 운영하기 위해서는 각 고객사별 입/출고 형태에 따라 고객사별 저장공간을 효율적으로 분할할 필요가 있다. 따라서, 각 고객사별 제품재고의 운영수준은 어떻게 되는지 분석해보고자 한다.

위의 사례에 기술된 내용을 구현하는 방법은 분석자의 의도에 따라 다양하게 설정될 수 있겠으나, 본 예제에서는 queue와 orderlist를 이용하여 구현하는 방법을 고려해보도록 하자. 물류센터에 입고되는 각 제품은 해당하는 고객정보를 load attribute로 관리하고 있으며, 총 5개의 고객사가 운영되고 있음을 반영하여 1부터 5까지의 숫자로 설정하도록 하자. 아래의 예제 프로그램을 수행하기 위하여 다음의 2개의 Load를 임의적으로 구성하였다.

- L_Product: 물류센터에 적치되는 제품을 표현하기 위한 Load
  First Process: Proc_Incoming
- L_CustomerOrder: 물류센터에 투입되는 고객의 출하주문을 표현하기 위

---

1 물류센터에서 저장공간의 운영방법 중에서 제품의 속성에 따라 사전적으로 저장위치가 할당되어 있는 운영방법을 의미한다. 이와는 달리 사전적으로는 특화된 저장공간을 운영하는 것이 아니라 임의의 저장공간을 활용하는 방식을 임의저장계획(Random Storage Policy)이라고 한다.

한 Load

First Process: Proc_Order

앞서 정의된 2개의 Load는 다음과 같은 형태로 운영되게 된다. L_Product 는 물류센터에 입고/적치되는 제품을 나타내는 Load로서, Load 발생과 동시에 'Proc_Incoming' Process로 투입된다. L_Product에 해당하는 Load의 발생개수나 발생주기는 임의적으로 설정된 것으로 가정하자. 이후에 가장 먼저 진행되는 내용은 5개의 고객사 중에서 임의적으로 고객사의 번호를 부여하게 된다. 입고된 제품에 대한 고객사 번호는 Load attribute인 attr_customer_no에 그 값이 설정된다. L_Product는 고객사 번호를 부여받은 후에 'Proc_Storage' Process로 보내지게 된다. 'Proc_Storage' Process에 도착한 L_Product는 가장 먼저 고객별로 사전적으로 할당된 저장위치로 보내진다. 고객별 저장위치는 queue형태로 정의되어 있다. 이때, 저장위치는 고객사 번호와 동일하게 적용되어 있으므로, queue번호를 그대로 이용할 수 있다. Queue로 들어간 L_Product는 마지막으로 queue와 동일하게 할당된 OrderList에 저장되어 출하작업이 발생할 때까지 저장되게 된다.

L_CustomerOrder는 고객사로부터 생성되는 출고작업을 나타내는 Load로 설정되었다. 출하주문이 발생하는 빈도는 임의적으로 설정된 것으로 가정하자. L_CustomerOrder가 발생하면 가장 먼저 이루어지는 작업은 "Proc_Order" Process 로 투입되게 된다. 생성된 주문이 필요한 항목은 5개의 고객사 중에서 어느 고객사에 해당하는지를 알 수 있는 값이 필요한데, 이를 동일하게 Load attribute를 이용하여 attr_customer_no에 임의적으로 그 고객사 번호를 할당하도록 하자. 고객사의 번호가 지정된 이후에는 각 고객사별로 분리되어 저장된 저장위치에서 적치된 제품을 불출하는 작업을 진행하면 된다. 이 방법으로 사용하는 것이 바로 "order all loads from ···." 명령어이다. 현재 OL_customer에 해당하는 orderlist에 는 앞서 정의된 L_Product라는 Load가 저장되어 있다. 다음의 예제 프로그램에서 는 OL_customer에서 불출된 제품은 "Proc_Out" Process로 전달되도록 구성되어 있다. "Proc_Out" Process로 이동된 Load는 각 고객사별로 이루어진 출고제품수를 저장하고 있는 V_OrderHistory 변수의 값 중에서 해당하는 고객사의 값을 각

제품이 불출될 때마다 하나씩 증가하게 된다. 따라서, V_OrderHistory는 특정 시각에 시뮬레이션 구동 후 현재 시점까지 이루어진 총 제품출하개수에 해당하는 정보를 저장하게 된다.

```
Begin Proc_Incoming arriving procedure
  set this load attr_customer_no to oneof(1:1, 1:2, 1:3, 1:4, 1:5)
  send to Proc_Storage
End

Begin Proc_Storage arriving procedure
  move into Q_customer(attr_customer_no)
  wait to be ordered on OL_customer(attr_customer_no)
End

Begin Proc_Order arriving procedure
  set this load attr_customer_no to oneof(1:1, 1:2, 1:3, 1:4, 1:5)
  order all loads from OL_customer(attr_customer_no) to Proc_Out
End

Begin Proc_Out arriving procedure
  inc V_OrderHistory(attr_customer_no) by 1
End
```

7 ▲ Blocks

(1) 기능개요

물류시뮬레이션 모델은 궁극적으로 분석 및 설계대상이 되는 하나의 물류시스템내에서 발생하는 물류의 정류화 및 효율성을 제고하는 대안을 찾기 위한 방법으로 생각할 수 있다. 물류시스템내에서 경우에 따라서는 특정 공간이나 물류간의 처리 우선 순위가 사전적으로 정의될 수 있다. 예를 들어, 교차로의 신호체계에 따른 교통체증 영향도를 분석하는 경우를 가정해보자. 해당하는 교차로는 사거리형태의 물리적인 특성을 갖고 있고, 교차로에서는 직진 또는 좌회전이 가능한 것으로 분석되었다. 따라서, 직진차량이 있는 경우에는 좌회전은 불가하고, 그 반대로 좌회전 차량이 있는 경우에는 반대편에서 직진차량은 반드시 정지하여야 한다. 이런 경우는 교차로 공간 내에서 운행방향에 상관없이 반드시 한 대의 차량만 존재할 수 있는 경우를 의미한다. 따라서, 이러한 물류시스템내에서의 특정 공간을 설정하고, 해당하는 공간의 동시처리능력을 제한하는 방법으로 사용하는 기능이 바로 Block이다. 즉, 교차로에 해당하는 공간에 Block을 배치하고 동시에 이 공간을 지날 수 있는 차량의 대수를 설정하는 것이 바로 Block Capacity가 된다. Block Capacity가 1인 경우는 동시에 이 공간을 지날 수 있는 차량의 수를 정확히 한 대로만 설정한 것이다. 또한, 이 Block을 사용하는 우선 순위는 해당하는 Block에 가장 먼저 도착한 Load가 그 대상이 된다. 우선 순위가 높은 Load가 해당하는 Block을 통과하여 빠져나가는 순간에 그 다음 순위의 Load가 이 Block공간에 진입하는 형태로 순차적으로 Block을 운영할 수 있도록 한다. 일반적으로 Block 요소는 Path Mover vehicle, power & free conveyor, 그리고 컨베이어 시스템상에서 출동방지(Collision avoidance)를 목적으로 vehicle이나 Loads를 통제하는 기능으로 사용된다. 가장 쉬운 방법으로는 시뮬레이션 대상이 되는 모델을 대상으로 충돌이 예상되는 위치에 block을 graphical하게 정의하면, vehicle이나 load가 자동으로 block을 claim하거나 release하는 기능을 수행하게 된다. 이러한 기능을 시뮬레이션 모델상에서 임의적으로 통제할 때 사용하는 명령어로는 claim과 release를 사용할 수 있다.

표 2.10   Blocks 생성화면의 항목 설명

정의항목	상세 설명
Name	생성할 Block의 이름을 정의하는 항목
Number of Blocks	동일 Block이름으로 설정되는 Block 수를 지정하는 항목
Default Capacity	하나의 Block에서 동시에 처리 가능한 entity 수를 지정하는 항목

그림 2.19 | Block을 생성하기 위한 운영화면

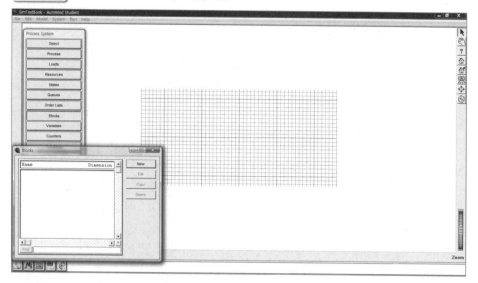

그림 2.20 | Block 정의에 필요한 항목정의 화면

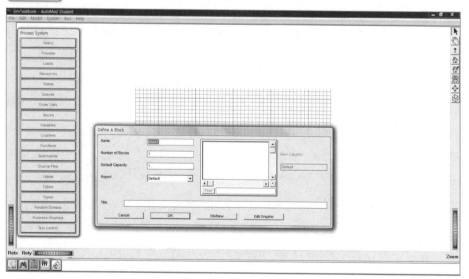

(2) 구현 및 적용 방법

1) 프로그램 기본 문장구조

● Claim 'Block_Name'
정의된 Block을 claim하기 위해 사용되는 명령어로서, 주어진 Block capacity 중에서 임의적으로 claim할 block능력량을 설정할 수 있다. 별도의 설정이 없이 위와 같이 정의하는 경우는 block capacity를 하나씩 사용하는 경우를 의미한다. 정의된 block capacity가 모두 사용 중인 경우는 block capacity 여유가 생길 때까지 대기하다가 여유가 생기는 시점에 그 다음 명령어를 진행하게 된다.

● Release 'Block_Name'
Claim하였던 block capacity를 원복시켜주는 명령어이다. 별도의 block capacity가 정의되지 않은 경우는 하나씩 block capacity를 restore하게 된다.

2) 적용 예제

앞서 설명된 바와 같이, Block은 Path Mover vehicle, power & free conveyor 등의 충돌방지를 위해서 사용되는 기능이다. 따라서, 가장 쉽게 적용할 수 있는 방법은 충돌이 예상되는 지역에 graphical하게 block위치를 지정하여 해당하는 block지역에 먼저 진입한 Path Mover vehicle이 먼저 지나가고, 늦게 도착한 vehicle은 앞서 도착한 모든 vehicle이 해당지역을 통과해서 지난 후에 block으로 지정된 지역을 진입해서 통과하게 된다. 이러한 경우는 block운영방법에 대해서 별도로 프로그램내에서 지정할 필요는 없다. 다음의 가상적인 경우를 고려해보자. 다음의 [그림 2.21]에서와 같이, 물류센터내에서 2대의 Forklift가 움직이는 동선이 설정되어 있다고 가정하자. 교차지점에서 2대의 forklift는 운행 중에 서로 충돌이 발생할 가능성이 존재하므로, 이를 방지하기 위해서 Block을 지정할 수 있다. Block은 교차로 지역에 보이는 점선형태의 사각형으로 표현되어 있다.

다음의 [그림 2.21]에 제시되어 있는 그림을 이용하여 Block의 사용방법에 대한 예제프로그램을 구성해보자. Vehicle-A는 "A1"이라는 지점에서 제품을 상차하

그림 2.21 Block 기능의 활용 예시

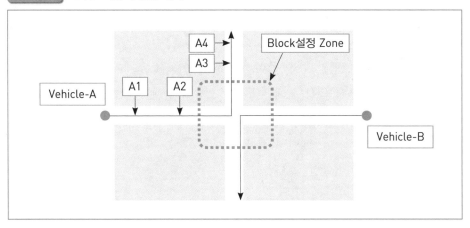

여 차례대로 "A2"와 "A3"를 경유하여 마지막에 "A4"에 해당하는 지점에 도착하게 된다. 그림에서와 같이 "A2"에서 "A3"로 이동하는 과정에서 교차로를 통과하게 되고, 이 지점에서 Vehicle-B와의 충돌을 방지하기 위해서 Block을 사용하게 된다. 예시적으로, Block의 이름을 "B_Cross"라 설정하자. 아래의 프로그램에서는 Vehicle-A가 "A2"에 위치에서 Block을 사용하게 되고, "A3"에 도착해서는 Block을 돌려주는 방법을 사용하고 있다.

```
Begin Proc_Cross arriving procedure
    move into AGV:A1
    travel to AGV:A2
    claim B_Cross
    travel to AGV:A3
    release B_Cross
    travel to AGV:A4
End
```

8 ▲ Variables

(1) 기능개요

시뮬레이션 개발과정에서는 다양한 형태의 값(Value)을 이용하여 그러한 값들을 활용하여 설계/분석 대상이 되는 물류시스템의 상태를 파악할 필요가 있겠다. 예를 들어, 물류센터내에 저장되어 있는 제품의 수를 1시간 단위로 파악하고자 한다. 즉, 시간단위별로 물류센터내 제품수를 조사하는 기능을 구현하기 위해서는 다음의 세 가지 형태의 값이 필요하다.

1) 시뮬레이션을 시작하는 시점에 물류센터에 저장된 제품수(초기 재고치)
2) 물류센터로 입고된 누적 제품수
3) 물류센터에서 출고된 누적 제품수

물류센터로 입고된 누적 제품수는 입고작업을 수행하면서 계속적으로 제품의 입고작업이 완료되는 시점에 입고된 누적 제품수를 증가시키게 된다. 또한, 출고작업의 경우에도 제품출고작업이 이루어질 때마다 누적 출고제품수를 증가시키게 된다. 결국, 이러한 누적 입고제품수나 출고제품수의 값은 계속적으로 관리되어야 한다. 이러한 값들을 관리하는 기능을 수행할 수 있는 대표적인 기능이 바로 Variable이다. 누적 입고제품수를 V_Stoarge, 누적 출고제품수를 V_Shipping, 초기 제품재고수를 V_Init_Inv라고 정의한다면, 임의의 시점에서 제품재고수는 다음의 재고균형방정식(Inventory Balance Equation)으로 표현될 수 있다.

$$재고 = 기존\ 재고 + 입고량 - 출고량$$
$$V\_Inv = V\_Init\_Inv + V\_Storage - V\_Shipping$$

따라서, Variable은 이러한 수치적인 값 뿐만 아니라 그 형태에 따라서 다양한 값을 저장할 수 있다. AutoMod® 에서 사용할 수 있는 Variable type은 다음과 같은 항목들이 있다.

그림 2.22   Variable을 생성하기 위한 운영화면

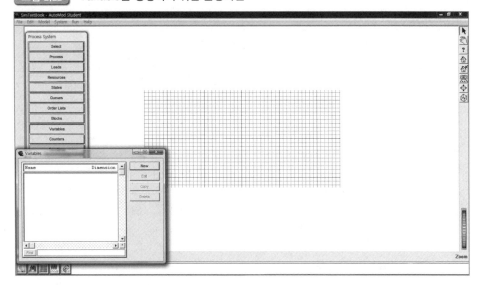

그림 2.23   Variable 정의에 필요한 항목정의 화면

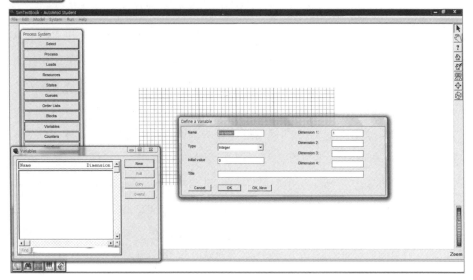

| 표 2.11 | Variables 생성화면의 항목 설명 |

정의항목	상세 설명
Name	새롭게 정의하고자 하는 변수명을 의미한다.
Type	변수사용의 목적에 따라 다양한 유형의 변수를 설정할 수 있다.
Initial Value	시뮬레이션 시작과 동시에 적용되는데 해당하는 변수의 초기값을 의미한다.
Dimension 1, Dimension 2, Dimension 3, Dimension 4	변수를 다차원적인 구조로 관리하기 위한 방법으로 총 4개의 dimension까지 활용할 수 있다. 예를 들어, 물류센터의 적치위치 관리체계가 3단계로 구성되어 있는 것으로 가정하자. 즉, 1) 층, 2) 행, 3) 열의 구조로 정의된 적치위치에 해당하는 제품의 수를 변수로 V_Loc_Cnt로 정의하는 경우를 고려해보자. 따라서, V_Loc_Cnt(1,1,1)은 1층 1행 1열에 해당하는 적치위치에 해당하는 제품수를 의미한다. 이 적치위치에 제품을 저장하면 V_Loc_Cnt(1,1,1)을 증가시키고, 해당하는 위치에서 제품이 출고되면 V_Loc_Cnt(1,1,1)을 감소시키게 된다.
Title	해당하는 Variable의 설명을 추가하는 항목

(2) 구현 및 적용 방법

1) 프로그램 기본 문장구조

변수(Variable)는 다양한 형태로 시뮬레이션 모델 구성 시에 적용할 수 있다. 변수의 활용형태는 크게 두 가지로 구분해볼 수 있다. 가장 일반적인 방법은 수치적인 데이터를 저장하여 시뮬레이션 수행 중에 이 값들을 참조하여 시뮬레이션 모델을 수행하기 위해 사용하는 것이다. 예를 들어, 물류센터내에서 입/출고 작업이 동시에 이루어지는 경우에 현재 시점에서의 물류센터내 재고가 얼마인지를 데이터로 관리하고 싶다면 변수를 이용해서 입고작업이 발생하면 재고치를 증가시키고 출고작업이 발생하면 재고값을 감소하는 형태로 이용할 수 있다. 다른 한 가지의 방법은 정량적인 데이터관리가 아니라 특정 속성치를 설정하기 위해서 사용하는 경우이다. 예를 들어, 물류센터의 저장위치를 5개 영역으로 구분해서 관리하고, 각 영역별로 저장되어 있는 고객사의 정보가 수시로 변경되는 경우를 고려해보자. 현재 시점에서 5개 구역별로 적치된 고객사명을 변수형태로 관리하고 동일 고객사명을 갖는 저장위치에 제품을 적치하는 작업방법을 사용한다면 변수를 이용하여 고객사명을 설정하는 방법을 이용할 수 있다. 다음의 적용예제에서는 이러한 두 가지의 운영방법에 대해서 적용방법을 설정하였다.

2) 적용 예제

[적용 예제-1] 변수를 이용하여 정량적 데이터를 관리하는 경우

앞서 설명된 바와 같이, 물류센터내의 재고량을 입/출고 작업이 이루어질 때마다 실시간으로 관리하는 방법을 생각해보자. 다음의 예제에서는 크게 3개의 Process를 설정하였다. Proc_Storage는 물류센터로 제품이 입고되는 작업을 나타낸 것이고, Proc_Order는 물류센터에 저장된 제품에 대해서 출하지시를 발생하는 기능이다. 마지막으로, Proc_Shipping은 출하지시가 생성된 제품에 대해서 출하작업을 진행하는 기능을 나타낸 것이다.

```
Begin Proc_Storage arriving procedure
    move into Q_Storage
    increment V_Inventory by 1
    wait to be ordered on OL_Storage
End

Begin Proc_Order arriving procedure
    order 1 load from OL_Storage to Proc_Shipping
End

Begin Proc_Shipping arriving procedure
    decrement V_Inventory by 1
End
```

입고과정에 해당하는 "Proc_Storage" Process에서는 물류센터내에 제품이 입고될 때마다 해당하는 제품은 Queue에 포함시킨 뒤에 재고수량을 하나씩 증가시키고 입고된 제품을 출고지시가 발생할 때까지 Orderlist에 대기시키게 된다. 출고과정은 "Proc_Order" Process에서 출고지시가 발생하는 시점에 Orderlist에 저장되었던 제품을 하나씩 뽑아내 "Proc_Shipping" Process로 보내게 되고, 이때 재고수량을 하나씩 빼나가게 된다. 따라서, "V_Inventory"라는 변수는 입/출고 작업이 발생할 때마다 재고수량을 증가하거나 감소하는 형태로 관리되어 현재 시점에서의 재고수량을 나타나게 된다.

[적용 예제-2]   변수를 이용하여 정성적 데이터를 관리하는 경우

아래의 예제에서는 간략하게 변수를 이용하여 저장구역별 고객코드를 관리하는 형태를 보기 위한 예제이다. 물류센터에 입고된 제품은 입고와 동시에 1부터 5사이의 할당위치를 부여하게 된다. 설정된 "V_Customer"라는 변수는 5개의 공간으로 할당되어 있고, 각 위치별 고객코드를 저장하게 된다. 즉, Load attribute인 attr_loc의 값이 3이라면 V_Customer(3)에 해당하는 변수공간에 해당하는 Load의 attr_cutomer_code를 저장하게 된다.

```
Begin Proc_Storage arriving procedure
    set this load attr_loc to one of(1:1, 1:2, 1:3, 1:4, 1:5)
    set V_Customer(attr_loc) to this load attr_customer_code
End
```

이렇게 저장구역별로 관리되는 고객코드는 시뮬레이션을 진행하는 동안에 저장구역별로 관리되는 고객코드를 포함하고 있어서, 필요에 따라서 이 변수값을 이용하여 저장공간별로 고객코드의 운영형태를 분석하는 용도로 사용할 수 있다. "V_Customer" 변수는 그 형태(Type)가 String으로 설정되어 있고, 필요에 따라서 다양한 형태의 Type(예: Queue, Resource 등) 을 정의하여 이용할 수 있다.

9 ▲ Counters

(1) 기능개요

Counter의 기능을 이해하기 위해서는 token기능을 한번 생각해보는게 좋겠다. 예를 들어, 2개의 섬을 연결하는 다리가 있다. 이 다리를 최대한 동시에 통행할 수 있는 차량의 수는 최대 10대로 한정되어 있다. 초기에는 이 다리를 지나는 차량의 수가 순차적으로 증가를 하다가 총 10대의 차량까지 도달하게 되면 11번째 차는 현재 다리를 지나는 차량 중 한 대의 차량이라도 다리를 지나가게 되면 이 다리를 지날 수 있는 기회가 주어진다. 즉, 다리를 통과한 차량은 자신이 보유하던

token을 반납하게 된다. 반납된 token이 여유가 있을 경우에만 이 다리를 통과하는 차량이 증가하게 된다. AutoMod®에서 Counter는 이러한 token과 같은 기능을

그림 2.24   Counter를 생성하기 위한 운영화면

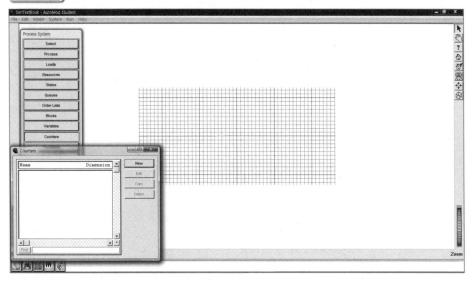

그림 2.25   Counter 정의에 필요한 항목정의 화면

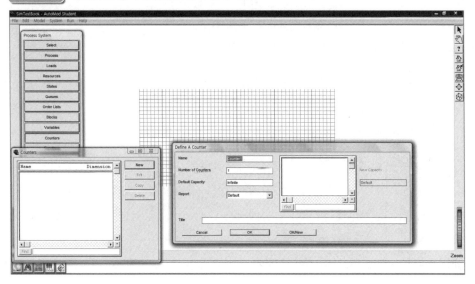

구현하는 과정에서 많이 활용되는 요소이다. Counter는 AutoMod®에서 일반적으로 Entity를 생성하는 방법과 동일하게 진행할 수 있다. 앞의 [그림 2.24]에서와 같이 Process System에 해당하는 Panel에서 Counter를 선택하면 Counter를 정의하기 위한 기본항목에 해당하는 window가 나타난다. "New" 버튼을 선택하면 [그림 2.25]과 같이 상세 정의항목 구성을 위한 window가 추가적으로 나타나게 된다.

　　　Counter정의를 위해 필요한 세부항목에 대한 설명은 아래의 [표 2.12]와 같다. 아래 표의 "Number of Counters"는 새롭게 정의되는 Counter명이 갖는 항목 개수를 의미하고, 이 숫자는 [그림 2.25]의 "Dimension"에 해당한다.

표 2.12　Counters 생성화면의 항목 설명

정의항목	상세 설명
Name	생성할 Counter 이름을 정의하는 항목
Number of Counters	동일한 Counter 이름을 갖는 Counter의 개수를 정의하는 항목이다. 예를 들어, 물류센터내 적치위치는 총 10개이고, 각 적치공간에 적치할 수 있는 제품 수는 10개로 제한되어 있는 것으로 가정하자. 즉, 특정위치에 적치할 제품이 존재하더라도, 해당하는 적치공간의 여유가 없을 경우에는 여유공간이 생길 때까지 대기하여야 한다. 여유공간이 생길 경우에는 해당 제품은 해당 공간으로 저장이 되고, 이때 Counter의 사용수는 증가한다. 적치된 제품 중에서 일정한 조건에 따라서 출고된 제품은 출고와 동시에 Counter수를 감소시켜준다. 따라서, 제품이 특정위치에 입고되기 위해서는 10개의 token 중에서 가용한 token이 확보될 경우에만 가능하다.
Default Capacity	최대 사용가능한 token의 수를 의미하는 것처럼 Counter의 운영능력을 의미한다.
Title	해당하는 Counter의 설명을 추가하는 항목

(2) 구현 및 적용 방법

1) 프로그램 기본 문장구조

Counter 이용방법은 크게 두 가지 형태로 정의할 수 있다. Counter정의시에 설정된 능력(Capacity)을 사용하기 위해서는 Counter의 잔여능력을 사용하기 위한 "Increment" 기능과 Counter능력 사용 후에 이를 돌려주는 "Decrement" 기능을 사용한다. Counter의 잔여능력이 모자라는 경우에는 Increment 기능을 사용하더

라도 여유능력이 부족하므로, 여유능력이 확보될 때까지 대기현상이 발생하게 된다. 앞서 설명된 바와 같이, Counter를 Token으로 비유한다면 Token이 필요하더라도 가용한 Token이 부족한 경우는 다음 작업을 진행하지 못하고 가용 Token이 확보될 때까지 기다리는 현상이 발생한다. 이러한 대기현상은 시뮬레이션 종료 후에 Counter에 대한 통계치 분석을 통해서 추가적인 분석이 가능하다.

> • Increment "Counter Name" by n
> "Counter Name"에 해당하는 Counter를 n개 만큼 사용하는 경우에 사용할 수 있음. 해당하는 Counter의 잔여능력이 n개 만큼 확보되지 않는 경우에는 대기현상이 발생한다.
>
> • Decrement "Counter Name" by n
> "Counter Name"에 해당하는 Counter를 사용 후에 Counter의 능력을 원복하기 위해 사용할 수 있음. Counter의 능력을 돌려줌으로써 해당하는 Counter를 사용하는 다른 Load가 이용할 수 있도록 해주는 기능으로 이용된다.

2) 적용 예제

Conveyor Belt로 구성되어 있는 생산공정을 예를 들어보자. 제품생산 공정은 3단계로 구성되어 있는 것으로 가정하자. 즉, 공정-A, 공정-B, 그리고 공정-C를 단계적으로 진행하여 하나의 완제품이 완성되는 생산공정을 고려해보자. 공정 간은 Conveyor Belt로 연결되어 있다. 단, 공정 간을 연결하는 Conveyor Belt에 놓일 수 있는 제품의 수는 Conveyor Belt길이의 제한으로 인해 한정되어 있다. 공정-A와 공정-B를 연결하는 Belt사이에는 최대 10개의 제품만이 놓일 수 있고, 공정-B와 공정-C간에는 최대 5개의 제품만이 놓일 수 있다. 즉, 공정-A를 마친 재공품인 경우도 Belt상에 제품수기 10개를 초과하면 대기를 하여야 하고, 이는 공정-B에서 공정-C로 이송하는 경우에도 동일하게 적용된다. 이러한 운영형태를 Counter를 사용하여 구성한 예제를 다음과 같이 설정해보자.

```
Begin Proc_A arriving procedure
  use R_Machine_A for 10 sec
  increment Cnt_AB by 1
  send to Proc_B
End

Begin Proc_B arriving procedure
  use R_Machine_B for 20 sec
  decrement Cnt_AB by 1
  increment Cnt_BC by 1
  send to Proc_C
End

Begin Proc_C arriving procedure
  use R_Machine_C for 10 sec
  decrement by Cnt_BC by 1
End
```

10 Functions

(1) 기능개요

시뮬레이션 모델을 구현하는 과정에서는 AutoMod®에서 지원되지 않는 임의의 단위기능을 개발자가 직접 구성하여 적용하여야 하는 경우가 발생할 수 있다. 예를 들어, 물류센터 작업자는 물류센터에 입고된 제품에 대한 적치위치를 결정하는 방법으로 현재의 위치에서 가장 가까운 적치위치를 선택하는 것으로 가정하자. 적치 가능한 공간이 4곳이 있다면, 각각의 적치가능 공간의 좌표값과 현 위치의 좌표값을 이용하여 거리를 계산할 필요가 있겠다. 임의의 지점 간의 거리를 구하기 위해서는 AutoMod®자체에서 별도의 계산기능을 구성하여 적용하여야 한다.

이러한 별도의 기능을 구성하는 방법은 이러한 Function 기능을 이용하는 것이다. 2개의 위치지점 간의 거리를 구하기 위해서는 각 지점의 x 좌표값과 y 좌표값 등

그림 2.26   Function을 생성하기 위한 운영화면

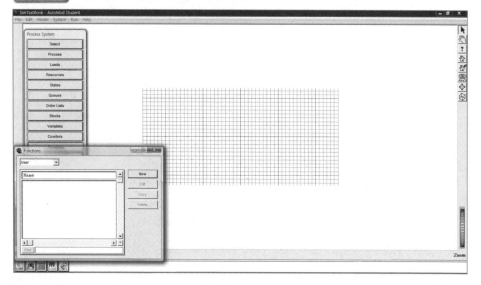

그림 2.27   Function 정의에 필요한 항목정의 화면

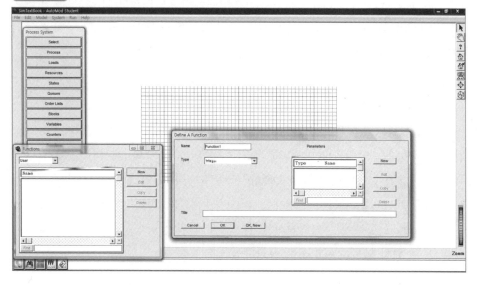

표 2.13   Functions 생성화면의 항목 설명

정의항목	상세 설명
Name	Function의 이름을 정의하는 항목
Type	Function에서 계산되는 결과치 항목의 형태를 정의하는 항목(Output value)
Parameters	Function이 투입되는 항목을 정의하는 항목(Input values)
Title	Function의 설명을 추가하는 항목

총 4개의 입력치가 필요하고, 이를 이용해서 두지점 간의 거리에 해당하는 하나의 값을 계산하게 된다. 따라서, 이러한 거리를 구하는 함수는 위치지점에 해당하는 4개의 input parameters와 거리에 해당하는 1개의 output parameter가 생성된다.

(2) 구현 및 적용 방법

1) 프로그램 기본 문장구조

Function을 정의하기 위해서는 크게 3개 항목의 정의가 필요하다. 위의 [표 2.13]에서와 같이, 먼저 함수명(Function Name)을 설정하고, 이 함수를 통해서 계산되는 값의 형태(Type)를 지정하고, 마지막으로 함수에서 도출되는 값을 계산하기 위해 필요한 입력치(Parameters)를 정의하는 단계로 구성된다. 함수의 정의는 AutoMod®내에서 Process를 정의하는 형식과 유사하게 『begin~end』 형태로 정의하고 함수명 뒤에 반드시 "function"이라는 표식을 추가하여야 한다.

2) 적용 예제

앞서 설명되었던 두지점 간의 거리를 계산하는 예제를 이용해서 실제 function 기능을 구현하는 방법을 알아보도록 하자. 다음의 [그림 2.28]에서와 같이, 함수명은 Name 항목에 해당하는 "Ftn_Distance"로 설정하고, 이 함수를 통해서 계산되는 거리에 해당하는 결과치의 형태는 Type항목에 "Real"로 설정하였다. 마지막으로, Parameters 항목에는 거리계산을 위한 4개의 위치 항목치를 순서대로 정의하였다. 모든 위치 항목치는 Real로 정의하였다.

그림 2.28 Function을 정의하는 화면

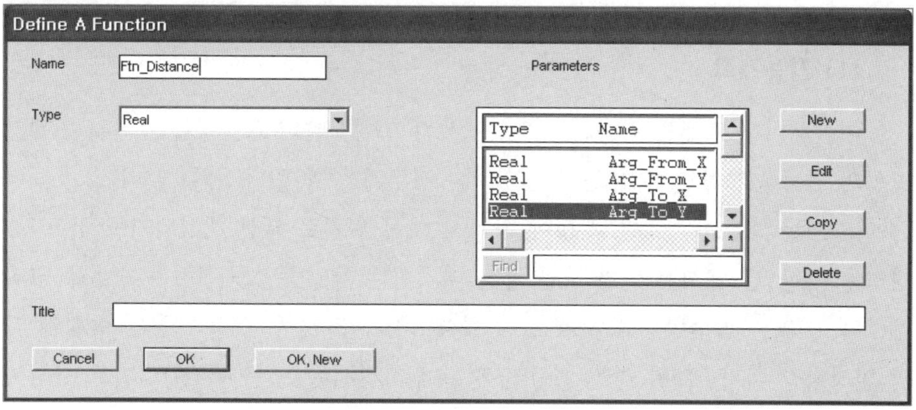

위와 같이 정의된 Ftn_Distance 함수는 Euclidean distance형태로 정의하여 아래의 함수에서 구현된 거리를 구하는 공식대로 설정되었다. 정의된 function은 AutoMod®프로세스내에서 거리계산이 필요한 시점에서 함수를 실행하게 된다.

```
Begin Proc_Storage arriving procedure
    ......
    set V_Distance to Ftn_Distance(X1,Y1, X2, Y2)
    ......
End

Begin Ftn_Distance function
    return sqrt(pow(Arg_From_X-Arg_To_X,2)+pow(Arg_From_Y-Arg_To_Y,2))
End
```

11 ▲ Subroutines

(1) 기능개요

시뮬레이션 모델을 구성하는 과정에서는 모델개발의 효율성을 높이기 위해서 공통의 기능을 사용할 수 있도록 구성하는 경우가 종종 있다. 예를 들어, 물류센터에 입고되는 제품이 제품의 속성에 따라서 여러 위치로 분산 배치되기도 하고, 해당하는 저장위치에서는 일정 시간 동안 대기하는 작업방법을 취하는 경우를 고려해보자. 이러한 작업방법을 AutoMod®에서 구현하는 경우에 각 제품의 속성에 따라 일정시간 대기하도록 하는 기능을 경우에 따라서는 모든 저장위치별로 구성해야 하는 경우가 발생할 수 있다. 그러나, 실제로는 저장위치에 관계없이 모든 제품은 동일한 기준에 의해서 작업대기를 하는 경우를 감안한다면 대기작업에 해당하는 기능은 하나만 구성하고 이 기능을 여러 장소에서 동시에 공용으로 사용하도록 하는 방법을 생각해 볼 수 있겠다. 이러한 경우에 사용하는 대표적인 기능은 바로 'Subroutine'이다. Subroutine을 구성하는 방법은 아래의 [그림 2.29]에서와 같이, Subroutine 명칭을 생성하고 공통기능에 해당하는 세부기능을 구성하는 방법으로

그림 2.29   Subroutine을 생성하기 위한 운영화면

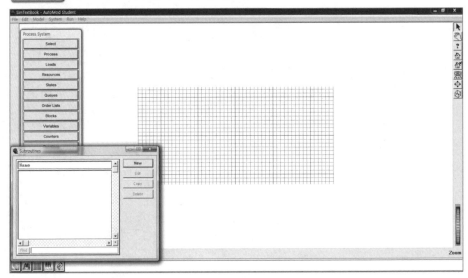

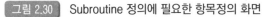

그림 2.30   Subroutine 정의에 필요한 항목정의 화면

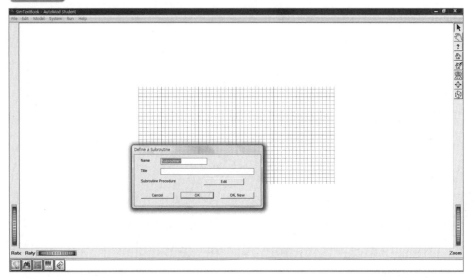

표 2.14   Subroutines 생성화면의 항목 설명

정의항목	상세 설명
Name	구성할 Subroutine의 이름을 정의하는 항목
Title	구성할 subroutine에 대한 설명을 추가하는 항목
Subroutine Procedure	Subroutine의 구체적인 내용을 작성하는 기능

운영할 수 있다.

(2) 구현 및 적용 방법

1) 프로그램 기본 문장구조

Subroutine은 AutoMod®프로그램을 구성하는 과정에서 필요에 따라서 이 기능을 호출(Call)하는 형태로 구성할 수 있다. Subroutine을 호출하여 사용하는 방법은 다음과 같은 구조를 이용할 수 있겠다. 다음의 문장 구조와 같이, subroutine은 사전 정의된 Subroutine을 필요한 위치에서 Call Subroutine이라는 문장을 이용해

서 호출하면 된다. 이때, 호출된 기능이 수행되고 기능수행이 완료되면 Subroutine
을 call한 위치다음에 정의된 기능을 수행하게 된다.

Call Subroutine 'Subroutine명'

2) 적용 예제

아래의 예제는 물류센터에 입고된 제품이 해당하는 적치장소에 저장되기 전에
일정 시간을 대기하는 현상을 나타낸 것으로 제품저장위치에 관계없이 대기 시간
은 일정하게 적용되고 있다. 이러한 경우는 대기작업에 관련된 기능을 Subroutine
S_WaitForWork로 정의하고, 이러한 기능을 Process에서 호출해서 이용하는 형태
를 가정한 것이다. 아래의 예제에서와 같이 Subroutine을 이용한 후에는 바로 다음
줄에 있는 "Move into Q_Storage"에 해당하는 기능을 진행하게 된다.

```
Begin Proc_Storage arriving procedure
   call subroutine S_WairForWork
   move into Q_Storage
End

Begin S_WaitForWork
  if C_Work current value > 50 then
    wait for 10 min
  else if C_Work current value > 20 then
    wait for 5min
  else
    wait for 2min
End
```

12 Source Files

(1) 기능개요

AutoMod®에서는 시뮬레이션 모델을 통제하는 모든 프로그램을 Source Files 에서 관리하게 된다. AutoMod®는 기본적으로 Process라고 불리는 구성단위의 조 합으로 이루어지게 된다. 따라서, 하나의 시뮬레이션 모델을 구성하기 위해서는 경우에 따라서는 상당한 분량의 Process를 구성해야 할 필요가 있겠다. 이러한 Process는 시뮬레이션 모델 개발자가 단위 Process별로 정의를 해가면서 구성하는 경우도 있고, 좀 더 일반적으로는 하나의 editor에서 여러 개의 process를 구성해 나가는 방법을 사용하게 된다. 이때, 여러 개의 Process를 하나의 editor단위로 정 의하여 동시에 관리하게 되는데, 이때 사용하는 기능이 바로 source file기능이다. 즉, source file은 여러 개의 process를 동시에 관리하기 위한 하나의 묶음을 만들 어주는 기능으로 이해하면 되겠다. 아래의 화면에서와 같이, source file 메뉴를 선 택하면 source file의 이름을 지정하는 화면이 나타난다. AutoMod®에서는 기본적 으로 source file 확장자로 "*.m"을 사용하게 된다. 즉, "*.m"의 형태로 source file을

그림 2.31 Source File을 생성하기 위한 운영화면

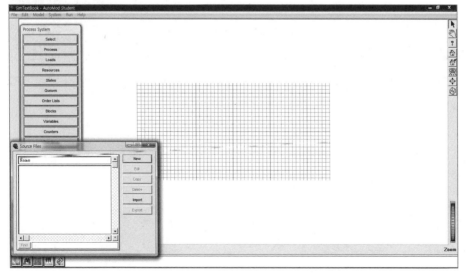

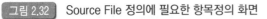

그림 2.32   Source File 정의에 필요한 항목정의 화면

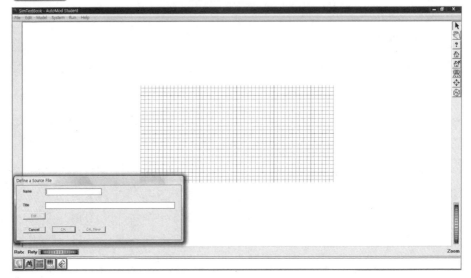

생성하게 되면 AutoMod® editor에서는 개발자가 사용하는 모든 단어를 AutoMod®
에서 제공하는 기본 문법구조(Syntax)를 기준으로 자동으로 검증해주는 기능을 진
행하게 된다.

새로운 source file을 생성하는 방법은 위의 화면에서 "New" button을 선택하
면 다음의 [그림 2.32]와 같은 화면이 나타나게 된다. Source file의 명칭은 개발자
의 편의에 따라서 설정하고, 그 확장자(Extension)만 "*.m"의 형태로 지정하면 되겠
다. 위의 그림에서 source file의 이름을 지정하고, 아래에 있는 "Edit" button을 선
택하면 AutoMod®언어를 이용하여 프로그램을 구성할 수 있는 editor 가 나타나게
된다.

(2) 구현 및 적용 방법

1) 적용 예제

다음의 경우는 물류센터에서 제품의 입고, 저장, 불출, 출하에 이르는 전 단계
에 대한 시뮬레이션 모델을 구성하는 경우에 적용해볼 수 있는 사례에 해당하는

그림 2.33 Source File 정의에 필요한 항목정의 화면

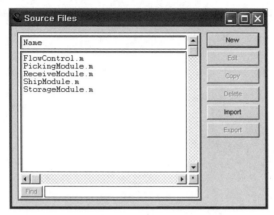

source file을 정의한 예제이다. 물류센터에서 이루어지는 기능단위별로 source file을 설정하고, 각각의 해당기능에 대해서 Process를 구성하는 예제이다. 위의 [그림 2.33]에서와 같이, source file의 명칭은 이러한 기능단위별로 정의하고, 'Flow control.m'의 경우는 여러 개의 기능을 종합적으로 관리할 수 있는 Process를 구성하기 위한 source file이다.

13 Labels

(1) 기능개요

AutoMod®는 3차원의 공간상에 시뮬레이션 대상 시스템을 표현하고 그래픽적인 표현방식과 로직을 구성하여 분석목적에 준하는 결과를 얻어내는 것이다. 그러나, 3차원 공간상에 존재하는 수많은 물류시스템 요소를 시각적으로 구현한 경우에도 이에 대한 가능한 상세 설명이 요구되는 경우가 있다. 예를 들면, 물류설비 명칭이나 공간명칭 등을 시각적으로 표기해야 하는 필요성이 발생할 수 있다. 이러한 경우에 사용할 수 있는 기능이 바로 Label 기능이다. 즉, 물리적 공간에 Tag를 붙이는 기능으로 이해할 수 있다. Label은 이러한 단순한 고정적인 데이터(Static

그림 2.34   Label을 생성하기 위한 운영화면

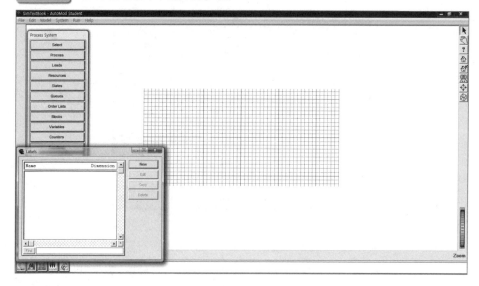

그림 2.35   Label 정의에 필요한 항목정의 화면

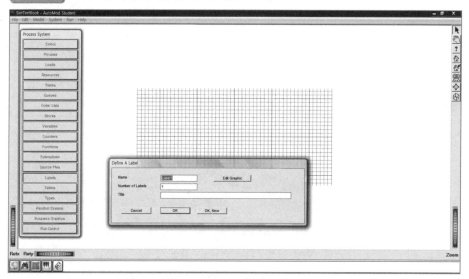

Data)를 표현하는 경우도 있겠으나, 동적인 데이터(Dynamic Data)를 표현하는 경우도 있다. 물류센터에는 총 10개의 출발지에서 출발한 제품이 입고된다. 현재 도

| 표 2.15 | Labels 생성화면의 항목 설명 |

정의항목	상세 설명
Name	Label의 이름을 설정하는 항목이다.
Number of Labels	동일한 Label명을 갖는 Label의 수를 설정하는 항목이다. 예를 들어, 총 5대의 설비를 운영하는 경우에 각 설비에서 가공중인 제품의 고객사명을 시뮬레이션 화면에 표현하고자 한다. 이때, 고객사명을 나타낼 수 있는 Label의 수는 5로 설정하게 된다.
Title	해당하는 Label의 설명을 추가하는 항목
Edit Graphic	정의된 Label을 정보를 출력한 화면위치에 배치하는 기능이다. 기타의 항목과 동일하게 Rotation, Translation 그리고 Scale의 방법을 이용하여 Label의 위치를 조정하게 된다.

착한 제품의 출발지 정보를 시뮬레이션을 하면서 바로 확인하고자 한다. 따라서, 도착하는 제품의 출발지를 물류센터 입구에 표기하는 방법을 적용하였다. 이러한 용도를 위해서 사용할 수 있는 기능이 바로 Label이다.

(2) 구현 및 적용 방법

1) 프로그램 기본 문장구조

Label에 나타나는 메시지는 두 가지 방법으로 나타낼 수 있다. 가장 쉬운 방법은 Label을 정의하는 시점에서 Label의 title에 필요한 내용을 설정하는 방법이다. 특정 위치를 나타내거나 특정 작업장소를 의미하는 것과 같이 해당하는 내용의 변경이 없는 경우라면 이러한 방법을 이용하여 쉽게 그 기능을 활용할 수 있다. 다른 하나의 방법은 정의된 Label을 프로그램상에서 그 내용을 변경시켜서 시뮬레이션 화면에 출력시키는 방법이다. 예를 들어, 물류센터내 특정 위치에 저장되어 있는 재고수를 재고량의 변화가 생길 때마다 시뮬레이션 화면에 출력하는 경우라면 이때는 시뮬레이션 프로그램 네에서 재고량의 변화가 발생하는 이벤트가 생성될 때마다 Label에 재고수량을 출력하는 기능을 실행하면 된다. Label에 특정 메시지를 출력하는 방법은 다음의 문장형태를 이용하면 된다.

```
print "text_message" to lbl_message
```

2) 적용 예제

앞서 설명된 재고수량의 변화에 따른 Label이용방법을 좀 더 구체적으로 다음
과 같이 정의하여서 알아보도록 하자.

```
Begin Proc_Storage arriving procedure
    move into Q_Stock
    print "Current Stock: ", Q_Stock current loads to Lbl_Stock
    wait to be ordered on OL_Stock
End

Begin Proc_Order arriving procedure
    order 1 load from OL_Stock to Proc_Retrieval
End

Begin Proc_Retrieval arriving procedure
    print "Current Stock: ", Q_Stock to Lbl_Stock
End
```

위의 예제를 실행하기 위해서 2개의 Load를 구성해보도록 하자. L_Storage
는 저장되는 제품을 의미하고, L_Order는 저장된 제품을 불출하는 주문정보를
의미한다. 따라서, L_Storage는 생성되어서 Proc_Storage로 투입되어 Queue와
OrderList에 저장됨과 동시에 Queue의 현재 Load개수를 Label에 출력하게 된다.
L_Order는 생성되는 시점에 Proc_Order로 투입되어, OL_Stock에 저장되어 있는
L_Stoage를 불출하여 이를 Proc_Retrieval로 보내게 되고, 이때 제품저장장소에 있
는 제품수는 하나씩 줄어들게 된다. 이 작업과 동시에 변경된 재공량이 Lbl_Stock
에 출력되게 된다. 이러한 과정이 반복적으로 이루어지면서 제품이 입고되는 시점

에서는 재고수량이 증가되고, 주문에 의해 재고불출이 이루어진 경우에는 재고수량이 감소하는 결과가 Label에 나타나게 된다.

14. Tables

(1) 기능개요

물류시뮬레이션의 가장 중요한 목적은 분석/설계 대상이 되는 물류시스템의 성능을 객관적으로 정량화하여 측정하기 위함이다. 따라서, 시뮬레이션 구동을 통해서는 수많은 다양한 데이터를 생성시킬 수 있다. 그러나, 이러한 데이터를 효율적으로 집계하고 분석할 수 있는 분석체계가 필요하다. 이러한 목적으로 사용할 수 있는 기능이 바로 Table 기능이다. 물류센터내에 입고되는 제품들에 대해서 각 제품별로 물류센터내 체류시간을 조사하고자 한다. 각 제품별로 물류센터내 입고시각과 출고시각 정보는 모두 확보 가능한 것으로 파악되었다. 출고시각과 입고시각의 차이를 체류시간으로 정의하고 이 정보에 대한 통계분석을 진행하고자 한다.

| 그림 2.36 | Table을 생성하기 위한 운영화면 |

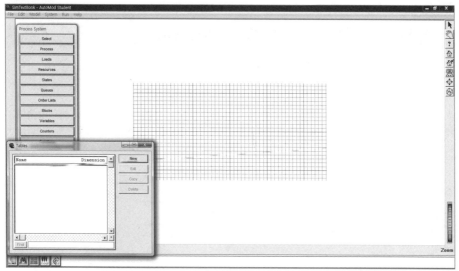

그림 2.37   Table 정의에 필요한 항목정의 화면

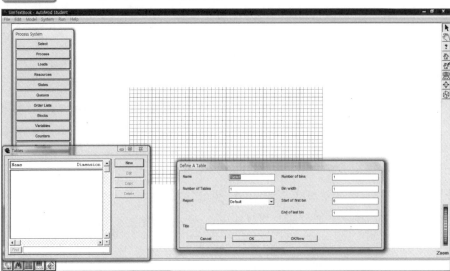

이러한 분석은 히스토그램 분석을 떠올려보면 쉽게 이해할 수 있을 것이다. 히스
토그램상에서 체류시간의 구간을 2시간 간격으로 설정한 것으로 가정하자. 또한,
체류시간 데이터 항목수를 총 10개로 분할한 것으로 설정하면, 최대 20시간으로

표 2.16   Tables 생성화면의 항목 설명

정의항목	상세 설명
Name	생성할 Table의 명칭을 설정하는 항목이다.
Number of Tables	동일한 이름을 갖는 Table의 개수를 설정하는 화면이다.
Number of bins	통계치를 구분할 계층수를 의미한다. 항목의 의미대로 시뮬레이션에서 도출되는 데이터를 저장할 상자수를 의미하는 것이다. Bin의 수가 많을수록 데이터를 더 상세하게 구분하여 측정하는 결과가 될 것이다.
Bin width	데이터를 담을 공간의 크기를 의미한다.
Start of first bin	첫번째 데이터 상자(Bin)의 최소값을 의미한다.
End of last bin	마지막 데이터 상자(Bin)의 최대값을 의미한다.
Title	해당하는 Table의 설명을 추가하는 항목

구분해볼 수 있다. 즉, 2시간 미만, 2시간~4시간, 4시간~6시간 등의 데이터 측정 구간으로 구분되어 관리된다. Table은 데이터 생성시점에 사전적으로 정의된 포맷으로 데이터를 체계적으로 관리할 수 있는 기능이다. 시뮬레이션은 모델개발뿐만 아니라 이를 활용한 면밀한 결과분석이 진행되어야 한다. 따라서, Table 기능과 같은 데이터 관리체계를 효과적으로 잘 활용하여야 한다.

(2) 구현 및 적용 방법
1) 프로그램 기본 문장구조

tabulate V_WaitingTime in Tbl_WaitingTime

Table기능을 이용하는 문장은 위에서와 같이 tabulate "측정치에 해당하는 값" in "table명"의 형태로 설정할 수 있다. 즉, 사전 정의된 Table에 시뮬레이션 과정에서 생성되는 여러 정량적인 데이터 중에서 분석이 필요한 항목명을 설정하여 이를 정의된 table format에 따라 저장하고 분류하는 기능을 수행한다.

2) 적용 예제

다음의 예를 통해서 Table의 정의방법 및 사용방법에 대해서 상세하게 알아보도록 하자.

A 물류센터의 입고처리능력에 대한 시뮬레이션 분석을 수행하고 있다. 입고차량을 통해서 물류센터에 도착한 제품은 입고차량에서 하차되어, forklift에 의해서 적치위치로 이송된다. 물류센터 매니저는 차량도착~제품적치에 소요되는 대기시간을 줄이기 위해서 입고작업인력 증원을 고려하고 있다. 따라서, 좀 더 면밀하고 정확한 대기시간에 대한 분석이 필요하였다.

먼저 시뮬레이션 모델에서 생성되는 대기시간을 저장할 Table을 생성해보자.

표 2.17 Tables 정보 생성예제

정의항목	설정치	설 명
Name	Tbl_WaitingTime	대기시간에 해당하는 Table을 생성
Number of Tables	1	동일 table명칭으로 저장되는 하나의 table을 생성
Number of bins	10	대기시간 구간을 10개로 설정한다. 즉, 대기시간을 10개의 수치구간으로 구분하여 해당하는 데이터를 분류하고 집계한다.
Bin width	30	하나의 데이터 구간의 간격을 30으로 설정한다. 즉, 시간단위가 초(sec)인 경우에는 30초 간격으로 대기시간에 해당하는 값을 구분하여 관리한다.
Start of first bin	0	10개의 데이터 구간 중에서 첫번째 데이터구간의 시작값을 '0'으로 설정한다. 따라서, 첫번째 데이터 구간은 0~30에 해당하는 시간구간에 해당한다.
End of last bin	300	10개의 데이터 구간 중에서 마지막 데이터 구간의 종료값을 '300'으로 설정한다. 따라서, 마지막 데이터 구간에 해당하는 시간범위는 270~300이 된다.

앞에서 설명된 Table 생성절차 및 관련항목을 따라서 table을 정의하되 그 항목을 다음과 같이 설정해보자. 먼저, Table 명칭을 Tbl_WaitingTime으로 임의적으로 생성해보자.

이러한 table 정의과정을 통해서 물류센터의 입고작업시에 소요되는 대기시간에 해당하는 데이터를 담을 수 있는 Tbl_WaitingTime은 정의되었다. 다음으로 진행해야 할 작업은 이렇게 정의된 table을 AutoMod® 프로그램내에서 활용하는 방법이다. 물류센터에 도착한 제품은 컨베이어 벨트를 통해서 저장위치로 이동하는 것으로 가정하자. 아래의 프로그램에서는 Proc_Storage에 도착한 Load에 현재시각(ac, absolute clock)을 load attribute형태로 attr_arrival_time에 저장하고, 컨베이어 벨트를 따라서 저장위치인 Q_Stoage로 이동한다. 이때, 저장위치인 Queue에 저장된 시각을 동일하게 load attribute인 attr_arrival_time에 저장한다. 대기시간의 정의에 따라서 2개 attribute의 시각차이를 V_WaitingTime으로 정의된 Variable에 저장하고, 이 값을 table에 관리하는 형태이다.

다음의 프로그램에서는 이러한 과정을 절차상으로 나열한 형태이다. 이러한 방법을 활용하여 시뮬레이션 결과치의 분석을 위한 table 기능을 쉽게 활용할 수 있다.

```
Begin Proc_Storage arriving procedure
    set attr_arrival_time to ac
    move into Conv:sec1
    travel to Conv:sec2
    move into Q_Stoage
    set attr_storage_time to ac
    set V_WaitingTime to (attr_storage_time – att_arrival_time)
    tabulate V_WaitingTime in Tbl_WaitingTime
end
```

15. Business Graphics

(1) 기능개요

시뮬레이션을 실행하는 과정에서 다양한 통계치를 시뮬레이션 실행과 동시에 참조하면서 분석대상이 되는 각종 통계치를 확인해보는 과정이 필요하다. 예를 들어, 1) 물류센터에서 입출고 작업이 동시에 이루어지는 경우에 시간의 흐름에 따라서 재고수준은 어떠한 형태로 변화되고 있는지? 2)물류센터내의 제품저장능력대비 활용률은 어떻게 변화하는지? 3) 물류센터내 각종 장비나 설비의 가동률은 어느 정도 수준으로 나타나는지? 와 같은 다양한 분석항목을 고려할 수 있다. Business graphics는 이러한 각종 통계치를 다양한 형태로 출력하여 시뮬레이션 분석대상이 되는 운영시스템의 현황을 파악할 수 있도록 지원하는 기능이다. 직접적으로 시뮬레이션 모델의 구성과는 관련성은 떨어지나 이러한 기능을 통해서 구성된 시뮬레이션 모델의 정합성 검증을 위한 모델링상의 문제점을 도출하고, 주요 분석항목에 대한 사전적인 검토를 진행해볼 수 있는 유용한 기능으로 활용될 수 있다.

그림 2.38   Business Graphics 정의에 필요한 항목정의 화면

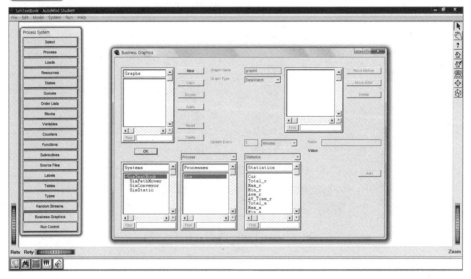

표 2.18   Business Graphics 생성화면의 항목 설명

정의항목	상세 설명
Graphs	분석대상이 되는 graphs list를 관리(추가, 삭제 등)하는 항목
Systems	Business graphs를 이용하여 분석대상이 되는 시스템을 선택하는 기능으로 시뮬레이션 모델상에 구현된 시스템에 한해서 분석항목을 추가로 설정할 수 있다.
Processes	Process 시스템은 모든 시뮬레이션 모델의 필수 default 시스템이므로, process 시스템에 해당하는 entity는 별도로 분석항목을 설정하는 기능으로 이용할 수 있음
Statistics	선택된 시스템의 특성에 따라서 AutoMod®에서 자동으로 제공하는 항목 중에서 분석항목을 선택하는 기능
Graph Name	Business graphs에 해당하는 graph 이름을 정의하는 항목
Graph Type	분석할 통계치에 적용할 graph 형태를 정의하는 항목

(2) 구현 및 적용 방법

순차적으로 graph name을 설정하고, 분석할 항목을 선택한 후에 적용할 graph type을 순차적으로 설정할 수 있다. 비교적 간단한 형태로 business graph를 정의하려 "display" button을 선택하면 정의된 graph를 확인하여 분석할 수 있다.

16 Run Control

(1) 기능개요

Run control은 시뮬레이션 실행방법을 정의하는 기능이다. 물류센터내에 배치된 이송장비의 가동률 또는 작업 부하율 수준에 대한 분석을 위한 시뮬레이션 모델을 구성한 것으로 가정하자. 물류센터에서 처리되는 물량이 일별로 거의 유사하게 나타나는 경우라면 오랜 기간 동안의 시뮬레이션 구동이 필요 없을 수 있을 것이다. 그러나, 월초와 월말, 주중과 주말 등 일별 편차가 존재하는 물류센터

그림 2.39 Run Control 정의에 필요한 항목정의 화면

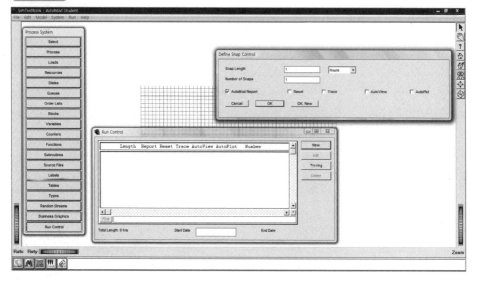

표 2.19   Run Control 생성화면의 항목 설명

정의항목	상세 설명
Snap Length	개발된 시뮬레이션 모델을 대상으로 단위 테스트 대상이 되는 테스트 시간 구간을 설정하는 항목이다.
Number of Snaps	위에서 정의된 Snap length를 기본단위로 간주하고, 기본 단위테스트를 몇 회 반복할 것인지를 설정하는 항목이다.
AutoMod Report	AutoMod® 시뮬레이션 결과 report의 생성여부를 옵션으로 설정하는 기능이다.
Reset	시뮬레이션 실행시에 분석단위 항목별로 통계치를 reset할 것인지 아니면 기존 분석통계치를 연계해서 누적된 통계치를 설정한 것인지 그 옵션을 설정하는 기능
AutoView	AutoView 구성을 위한 기본 animation 데이터를 생성할 것인지 여부를 설정하는 항목

의 경우라면 시뮬레이션 가동기간은 이러한 변동성을 모두 적용할 수 있는 충분한 테스트 기간이 필요할 것이다. Run control은 개발된 시뮬레이션 모델의 가동을 위한 시간을 어떻게 할 것인지? 또는 이러한 단위 테스트를 몇 회나 반복할 것인지? 를 정의하는 기능이다. 또한, 각 단위테스트별로 생성할 결과항목에 대한 옵션을 별도로 설정하는 기능을 포함하고 있다.

(2) 구현 및 적용 방법

다음의 경우를 고려해보자. 분석대상이 되는 물류센터는 컨베이어 시스템의 가용률을 검증할 목적으로 시뮬레이션 모델을 개발 중에 있다. 과거 작업처리실적을 분석해 본 결과, 해당하는 물류센터에 투입되는 제품은 1주일단위로 물량이나 제품속성의 운영특성이 나타나고 있다. 즉, 물류센터로 입고되는 제품이나 출하되는 제품은 요일별로는 편차가 존재하나, 그러한 물량패턴은 주간단위로는 거의 유사한 형태를 취하고 있다. 이러한 물류센터에서 컨베이어 시스템의 가동률을 검증할 목적이라면 시뮬레이션을 실행하는 기본주기를 1주일로 설정하는 것이 합리적일 것이다. 또한, 이러한 1주일단위의 운영주기를 대상으로 한달 정도의 분석범위 내에서 적용해보고자 한다. 이러한 시뮬레이션 검증방식을 전제로 한다면 Snap Length는 1주일로 설정하고, Number of Snaps은 한 달을 4주로 설정한 경우에 '4'

로 지정하는 것이 합리적일 것이다. 또한, 시뮬레이션 결과는 매주마다 생성하여 총 4개의 결과 report를 생성할 목적이라면 AutoMod® report 옵션과 Reset 옵션을 선택하여 시뮬레이션 모델을 실행하면 매주마다 각종 통계치를 reset하면서 주간 단위의 report를 생성할 수 있겠다.

Conveyor System

1. 기능개요

컨베이어 시스템은 물류시스템 구성시에도 가장 일반적으로 많이 사용되는 시스템 구성요소이다. AutoMod®가 물류시스템의 분석/설계를 위한 시뮬레이션 도구로 많이 사용되는 가장 큰 이유 중의 하나도 컨베이어 시스템의 기능이 상당히 정교하고 섬세하게 구성되어 있기 때문이다. 물류시스템내에서 다양한 형태의 이송장비는 컨베이어 시스템을 이용하여 표현하고 구현할 수 있다. 컨베이어 시스템을 구성하는 요소 중에서 가장 핵심적인 요소는 section과 station에 대한 개념이다. Section은 컨베이어 시스템을 구성하는 이송경로를 구성하는 기본 단위로 생각할 수 있다. 따라서, 실제 물류현장에 설치된 컨베이어 시스템을 시뮬레이션 모델에서 구현하거나 설계대상이 되는 시스템을 구현하는 경우에 컨베이어 시스템의 각 이송부의 길이, 폭, 속도, 가속/감속 등의 기본 데이터를 조사하여 AutoMod®내에서 표현하면 된다. Station은 이러한 Section상에 존재하는 가상의 위치로서 컨베이어 시스템상에서 각종 작업이나 행위가 이루어지는 위치를 의미한다. 따라서, 개발대상이 되는 물류시스템을 AutoMod®를 이용하여 바로 drawing하거나 구성하는 것보다는 사전적으로 필요한 station 명칭을 구성하고 이러한 결과를 바탕으로 컨베이어 시스템을 구성하는 것이 더 합리적일 것으로 판단된다. 컨베이어 시스템을 새롭게 정의하거나 이미 구성한 컨베이어 시스템을 open하면 다음의 [그림 3.1]과 같은 화면이 나타나게 된다.

그림 3.1 Conveyor 시스템의 초기 설정 화면

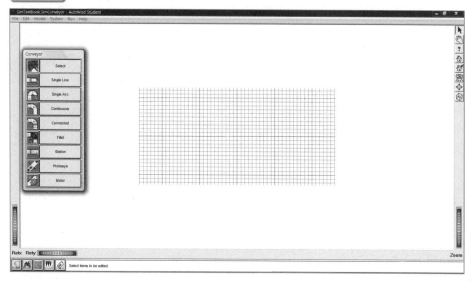

표 3.1 Conveyor 시스템의 Panel메뉴 항목 및 기능

Panel 메뉴	기능
Select	마우스를 이용하여 컨베이어 시스템의 요소를 선택하는 기능
Single Line	직선형태의 컨베이어 section을 그리는 기능
Single Arc	곡선형태의 컨베이어 section을 그리는 기능
Continuous	직선과 곡선형태의 section을 연속적으로 그리는 기능
Connected	임의의 section을 연결하는 section을 추가하는 기능
Fillet	교차하는 2개의 직선 section을 곡선 section으로 자동 연결하는 기능
Station	section 위에 컨베이어 시스템에서 작업이 이루어지는 위치를 지정하는 기능
Photoeye	컨베이어 section 위에 photoeye를 설정하는 기능. Photoeye는 station상에서 load의 움직임을 통제하는 기능으로 이용된다. 설정된 photoeye가 clear되지 않으면 load는 움직일 수 없도록 설정할 수 있다.
Motor	컨베이어 section과 transfer를 동시에 구동하는 기능으로 motor를 take down시키면 해당하는 컨베이어를 정지할 수 있다.

2 ▲ 컨베이어 시스템 Drawing 방법

앞서 설명된 컨베이어 시스템의 기본 구성 tool의 상세 사용방법을 알아보도록 하자. 각각의 세부기능에 대해서는 이러한 기능을 활용한 예제를 통해서 설명하도록 하겠다.

■ **Select**

① 용도
● 컨베이어 시스템에 구성되어 있는 Section과 Station의 정보를 편집하기 위해서 편집대상 Section과 Station을 선택하기 위해 사용한다.

② 사용방법 및 예제
● 방법 1) 특정 Section과 Station을 왼쪽 마우스를 click하여 선택하는 방법
● 방법 2) 여러 개의 Section과 Station을 동시에 선택해야 하는 경우는 왼쪽 마우스를 click한 상태에서 마우스를 dragging하여 선택할 sections과 stations에 해당하는 영역을 선택하는 방법

그림 3.2 Conveyor 시스템의 'Select'기능 사용방법

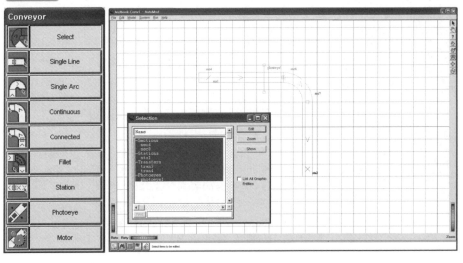

③ 참조사항

- 'Select' 기능은 section이나 station의 수정이나 삭제 등과 같은 편집기능을 위해 주로 사용된다.
- 영역범위 지정을 통해서 'Select' 기능을 실행한 경우는 해당하는 영역범위 내에 있는 Section, Station, Transfer, Photoeye 등에 해당하는 모든 요소가 선택된다.
- 'Select' 기능을 통해 선택된 항목에 대해서는 해당하는 요소를 선택하고, 'Edit' 버튼을 실행하면 상세항목의 편집이 가능하다.

■ Single Line

① 용도

- 컨베이어 시스템의 경로는 크게 직선(Line)과 호(Arc)로 구성되게 된다. 이 기능은 Line형태의 section을 구성하는 경우에 사용한다. 이 기능은 하나의 직선형태의 단위 section을 구성하는 경우에 사용한다.

② 사용방법 및 예제

그림 3.3 Conveyor 시스템의 'Single Line' 기능 사용방법

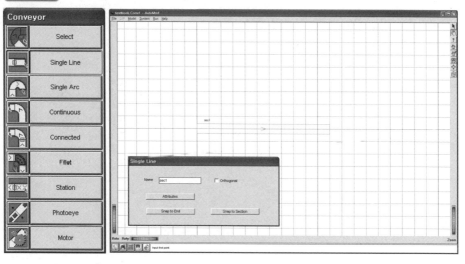

- 왼쪽 마우스를 이용하여 직선형태의 section의 시작 위치를 선택(Press)하고 마우스를 dragging하여 끝위치에서 마우스를 놓게(Release)되면 원하는 직선형태의 section이 그려진다.

③ 참조사항

- 'Single Line'을 선택한 경우는 앞서 그림에서와 같이 Line의 시작점을 지정하고 해당하는 section길이만큼 dragging후에 Mouse를 release하게 된다.
- 선형의 Section은 사용자가 마우스 이동하는 형태에 따라서 다양한 각도의 사선으로 생성할 수 있다.
- 단, 'Orthogonal'에 해당하는 선택항목을 설정하게 되면, line의 형태는 직각형태로만 생성되게 된다.
- 기존에 생성된 section을 기준으로 하여 새로운 line을 추가하는 경우는 'Snap to End'나 'Snap to Section' 중의 하나의 option을 선택하여 기존 section과의 연결방법을 선택할 수 있다.

■ Single Arc

① 용도

- 위의 기능과 유사하게 컨베이어 시스템을 구성하는 호(Arc)를 그리는 경우에 사용한다. 이 기능은 하나의 호형태의 단위 section을 구성하는 경우에 사용한다.

② 사용방법 및 예제

- 왼쪽 마우스를 이용하여 호형태의 section의 시작 위치를 선택(Press)하고 마우스를 dragging하여 끝위치에서 마우스를 놓게(Release)되면 원하는 호형태의 section이 그려진다.

그림 3.4 | Conveyor 시스템의 'Single Arc'기능 사용방법

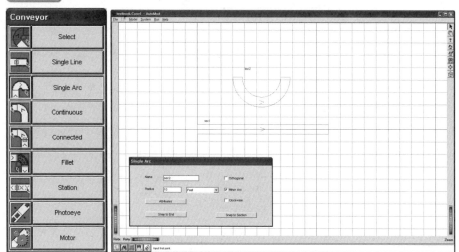

③ 참조사항

- 'Single Arc'을 선택한 경우는 위의 그림에서와 같이 호(Arc)의 시작점을 지정하고 해당하는 호의 길이만큼 dragging後에 Mouse를 release하게 된다.
- 호형태의 Section은 사용자가 마우스 이동하는 형태에 따라서 다양한 각도의 형태로 생성할 수 있다.
- 단, 'Orthogonal'에 해당하는 선택항목을 설정하게 되면, arc의 형태는 직각단위 형태로만 생성되게 된다.
- 기존에 생성된 section을 기준으로 하여 새로운 호(Arc)를 추가하는 경우는 'Snap to End'나 'Snap to Section' 중의 하나의 option을 선택하여 기존 section과의 연결방법을 선택할 수 있다.
- 호(Arc)형태의 section이 그려지는 방법은 section의 시작점을 기준으로 시계방향(Clockwise) 또는 반시계방향(Counter-Clockwise) 형태로 구성할 수 있다. 이러한 옵션은 사용자가 해당하는 메뉴 선택여부에 따라서 적용할 수 있다.

■ Continuous

① 용도

• 직선형태와 호의 형태가 반복적이고 연속적으로 연결되어 있는 section을 구성하고자 하는 경우에 사용하는 기능이다.

② 사용방법 및 예제

• 마우스로 시작위치를 선택하여 해당하는 일정지점을 선택하면 직선형태의 section이 그려지면서 호형태의 section이 새롭게 나타나고, 또다시 일정지점을 왼쪽 마우스로 지정하면 호형태의 section이 그려지는 형태로 연속적인 section을 구성하는 방법을 이용한다.

그림 3.5   Conveyor 시스템의 'Continuous'기능 사용방법

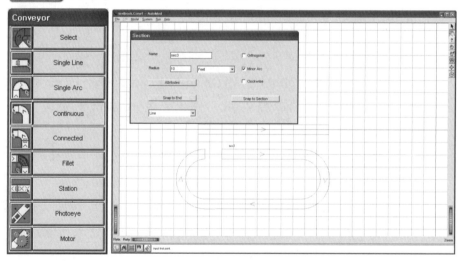

③ 참조사항

• 'Continuous'의 기본구성방법은 'Single Line'과 'Single Arc'의 혼합형으로 생각할 수 있다. 따라서, section편집에 적용되는 옵션은 이러한 두 가지의 기능을 혼합한 형태로 이해하면 쉽게 적용할 수 있다.

■ Connected

① 용도

• 서로 떨어져 있는 (또는 연결되지 않은) 임의의 2개 sections을 연결하고자 하는 경우에 사용하는 기능이다.

② 사용방법 및 예제

• 먼저 연결하고자 하는 임의의 한 section을 선택하고, 이어서 나머지 section 을 선택하게 되면 자동으로 2개의 section을 연결하는 section을 그려주게 된다.

| 그림 3.6 | Conveyor 시스템의 'Connected'기능 사용방법 |

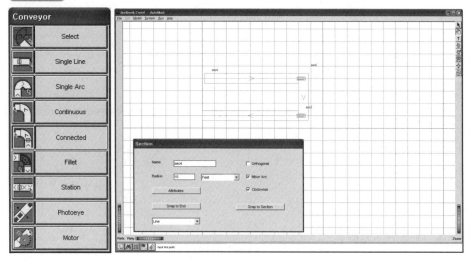

③ 참조사항

• 임의의 2개 sections을 연결히는 추가직인 section은 선(Line) 또는 호(Arc) 중에서 사용자의 판단에 따라 선택할 수 있다.

• 임의의 sections을 연결하는 방법은 'Snap to End'와 'Snap to Section' 중에 서 선택할 수 있다.

• 'Snap to End'는 section을 연결하는 시작점을 각 section의 끝점을 기준점

으로 설정하는 경우이고, 'Snap to Section'은 해당하는 section의 중간위치
를 기준점으로 설정하게 된다.

■ **Fillet**

① 용도

• 직선형태를 갖는 2개의 임의의 section을 선택하여 이를 연결하는 sections
을 구성하기 위해 사용하는 기능이다. 직선형태의 sections 모양이나 위치
에 따라서 자동으로 호형태의 section을 구성하게 된다.

② 사용방법 및 예제

• 왼쪽 마우스를 누른 상태에서 fillet 대상이 되는 sections을 dragging하여
선택하면 이를 연결하는 호형태의 가상 section이 나타나고, 호의 크기를 결
정하는 수치를 입력하면 최종 호형태의 section이 그려진다.

그림 3.7   Conveyor 시스템의 'Fillet'기능 사용방법

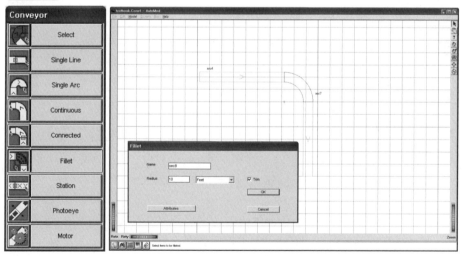

③ 참조사항

• Fille을 적용하기 위해서는 Fillet적용대상이 되는 Section은 반드시 다음의

속성을 만족하여야 한다.

- 동일한 높이값(z-axis에 해당하는 값)을 가져야 한다.
- 평행(Parallel)하게 배치된 section은 fillet을 적용할 수 없다.

● Fillet이 적용되는 호(Arc)의 반경치는 시스템에서 자동으로 설정하나, 사용자가 임의적으로 지정할 수 있다.

■ **Station**

① 용도

● 컨베이어 시스템은 section과 station으로 구성되어 있다. 시뮬레이션 모델 구성을 위해서는 주요 작업이 이루어지는 위치를 컨베이어 section상에 표현하여야 한다. Station은 이러한 위치를 설정하기 위해 사용하는 기능이다.

② 사용방법 및 예제

● 컨베이어 section 위에 원하는 위치를 왼쪽 마우스로 pointing하면 'X' 형태의 모양과 함께 station의 이름이 나타나게 된다. Station의 이름은 사용자가 원하는 대로 설정할 수 있으며, 별도의 Station name을 설정하지 않는 경우

그림 3.8 Conveyor 시스템의 'Station'기능 사용방법

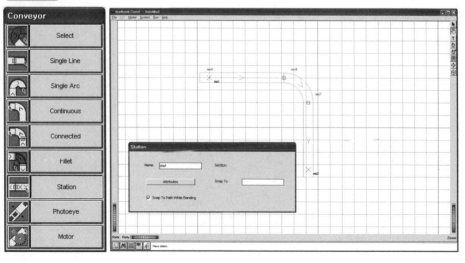

는 'sta'로 시작하는 접두어(prefix)를 기준으로 일련번호가 자동으로 부여되게 된다.

③ 참조사항

- Station명칭은 기본값(Default)으로 'sta'로 시작하여, 시스템에서 사용자가 Station을 정의할때마다 일련번호를 증가시켜서 생성시킨다.
- Station의 접두어를 사용자가 정의할 수 있으며, 일련번호는 정의된 접두어를 기준으로 다시 증가하는 형태로 생성된다.

■ Photoeye

① 용도

- 컨베이어 시스템상에서 컨베이어 위를 움직이는 제품의 움직임을 통제하기 위해서 사용되는 기능이다.

② 사용방법 및 예제

- Photoeye 기능을 적용하기 위한 적절한 section 위치상에서 왼쪽 마우스를 이용하여 photoeye의 시작위치를 지정하고 dragging하여 photoeye

---

그림 3.9   Conveyor 시스템의 'Photoeye'기능 사용방법

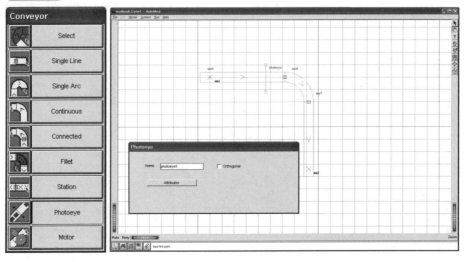

의 끝위치에서 마우스를 release한다. 이때, 시작위치와 끝위치를 연결하는 photoeye에 해당하는 line이 그려지게 된다.

③ 참조사항

- 'Photoeye'의 명칭은 사용자의 의도에 따라 별도로 정의할 수 있으나, 시스템에서 제공하는 명칭은 'photoeye'를 접두어(prefix)로 하여 photoeye가 생성될 때마다 일련번호를 증가시키는 형태로 이루어진다.
- 'Photoeye'를 구성하는 방법에서 'orthogonal'을 선택하면 직각형태의 라인으로 구성된 photoeye를 구성할 수 있다.

■ Motor

① 용도

- 컨베이어 시스템에서 section 단위의 움직임을 통제하기 위해서 해당하는 section에 motor기능을 결합하는 형태를 적용하게 된다.

② 사용방법 및 예제

- 적용할 motor의 이름과 이러한 motor 기능이 결합될 section을 지정하게 된다. 이후에 프로그램상에서 motor의 기능을 통제할 수 있도록 구성하면 된다.

3 ▲ 시스템 구현방법

컨베이어 시스템은 크게 두 가지의 구성요소로 정의할 수 있다. 해당하는 구성요소는 크게 Section과 Station으로 구분해볼 수 있다. Section은 컨베이어 시스템의 이송경로를 구성하는 요소를 의미하고, Station은 이러한 이송경로상에서 작업이 이루어지는 주요 위치를 나타낸다. 따라서, Section은 기본적으로 직선(Straight Line)과 곡선(Arc Line)의 집합체로 구성할 수 있다. 분석대상이 되는 컨베이어 시스템의 사양을 조사하여 그 형태, 길이, 폭, 속도, 그리고 가속/감속 등의 사양치를 설정하는 기능을 컨베이어 시스템에서 구성하게 된다. 이러한 기능은

Section의 구성을 통해서 일차적으로 설정할 수 있다. 이러한 Section 위에 컨베이어 시스템상에서 주요한 작업이 이루어지는 위치(Location)에 작업위치를 설정하는 기능이 Station으로 정의된다. 따라서, 컨베이어 시스템의 하드웨어적인 사양뿐만 아니라 컨베이어 시스템상에서 이루어지는 작업사양과 같은 소프트웨어적인 요소에 대한 면밀한 조사와 검토가 이루어져야 한다.

컨베이어 시스템에서 정의된 Section과 Station의 활용은 다음과 같이 이루어진다. 기본적으로 컨베이어 시스템에서는 사전 정의된 Station 정보를 활용해서 구성할 수 있다. 컨베이어 시스템은 기본적으로 "Move into"와 "Travel to"의 기본 기능을 활용하여 이루어진다. 먼저, "Move into"는 AutoMod® 내에서는 시스템 간 Load의 이동이 발생하는 경우에 사용하게 된다. 이를 시스템의 영역(Territory)의 변경이라고 설정한다. 따라서, 컨베이어 시스템 외에 다른 시스템에서 컨베이어 시스템으로 이동이 되거나 반대로 컨베이어 시스템에서 다른 시스템으로 territory가 변경되는 경우에도 사용되는 기능이다. 이와는 달리 "Travel to"기능은 동일 시스템에서의 위치이동에 사용되는 것으로 생각하면 되겠다. 즉, 컨베이어의 시작점에서 반대편 끝점으로 이동하는 경우와 같이 하나의 동일 컨베이어 시스템내에서 위치이동이 이루어지는 경우라면 "Travel to" 기능을 이용하는 것이다.

> • Move into "Conveyor system명: Station명"
> 다른 시스템내에서 Conveyor system으로 위치이동이 발생하는 경우에 사용하는 기능이다. 즉, territory의 변경이 발생하는 경우에 적용하는 기능이다.
>
> • Travel to "Conveyor system명: Station명"
> 동일 컨베이어 시스템내에서 위치이동이 발생하는 경우에 사용하는 기능이다. AutoMod®에서는 이송의 시작점(From Station)과 도착점(To Station)만 정의하면 별도의 추가적인 설정이 없는 경우는 최단경로를 기준으로 컨베이어상에서 경로를 자동으로 설정하게 된다.

AutoMod®모델에서는 Process 시스템을 제외한 모든 시스템은 분석대상이 되는 물류시스템의 형상을 실제와 동일하게 또는 유사하게 구성하는 과정이 필요하다. Conveyor 시스템, Path Mover 시스템, AS/RS 시스템 그리고 Kinematics 시스템 등이 모두 이러한 구현대상에 해당된다. 컨베이어 시스템의 형태를 구성하는 요소는 크게 선(Line)과 호(Arc)로 구성되어 있다. 따라서, 시뮬레이션 구현대상의 형태를 분석하여 이를 구성하는 선과 호의 연결형태를 파악하여, 이를 단계적으로 그림형태로 구성하며 된다.

AutoMod®에서는 모든 선과 호의 시작은 AutoMod®화면상에 대상체의 시작점을 왼쪽 마우스를 클릭하여 설정하게 된다. 선(Line)의 경우는 왼쪽 마우스로 설정된 시작점을 기준으로 마우스를 움직이면 마우스의 이동방향에 따라 해당하는 선(Line)의 형태가 화면상에 나타난다. 특정 라인의 시작위치와 끝위치를 화면상에서 마우스만을 이용해서 명확히 설정할 수 있는 경우에는 이러한 방법으로 해서 단위 그림을 그려나갈 수 있다. 그러나, 화면상에서의 위치지정이 불명확한 경우에는 마우스를 이용하여 대략적인 모양을 형성한 후에, 편집기능을 이용하여 정확한 길이를 설정할 수 있다. 호(Arc)의 경우도 유사한 방법을 이용하여 형상을 구현할 수 있다. 먼저, 호의 시작위치를 왼쪽 마우스를 이용하여 설정한 뒤, 마우스 이동을 통하여 호의 크기를 설정할 수 있다. 또한, 이렇게 설정된 호는 추가적인 선택과정을 통하여 호의 크기를 재설정할 수 있다.

분석대상이 되는 물류시스템의 형태에 따라 다양한 형상의 컨베이어 벨트를 구성할 수 있겠다. 2차원 평면상에서의 컨베이어의 형태 뿐만 아니라 컨베이어의 높낮이에 따라서 다양한 sections의 형상과 section을 연결하는 transfers를 구성할 수 있겠다. 택배터미널에서 흔히 볼 수 있는 sorter기를 예를 들어보자. 복수의 지점에서 입고된 택배화물은 착지에 따른 제품분류기준에 의해 컨베이어 벨트상에서 분류된다. 택배터미널 sorter기의 가장 일반적인 형태는 중앙에 원형형태의 이송장비가 구성되어 있고, sorting대상이 되는 제품이 입고되는 복수개의 컨베이어 벨드 라인과 분류된 제품이 다시 적치되는 복수개의 컨베이어 라인으로 구성되어 있다. 이러한 택배터미널 sorter기의 운영효율성을 분석하는 시뮬레이션 모델을 구성한다면 중앙에는 수평형태의 컨베이어 section을 구성하고 양쪽으로는 sliding형태의 section을 구성하여 분류대상 제품의 입고와 분류완료 제품의 출고를 위한 컨베이어 section을 구성할 수 있겠다.

CHAPTER 04 Path Mover System

1. 기능개요

Path Mover 시스템은 정해진 route상에서 사전적으로 정의된 작업방법에 따라서 구동되는 각종 물류 및 이송장비로 생각할 수 있다. 예를 들어, 물류센터내에서 제품이송에 동원되는 Forklift, 공장자동화 시스템에서 가공이 완성된 제품을 제품창고로 이송해주는 AGV, 승객을 태우고 일정구간이나 거리를 움직이는 Vehicle 등 다양한 형태의 Path Mover 시스템을 생각해 볼 수 있다. 컨베이어 시스템과 유사하게 Path Mover 시스템의 경우도 vehicle이 움직일 수 있는 경로를 의미하는

그림 4.1 Path Mover 시스템의 초기 설정 화면

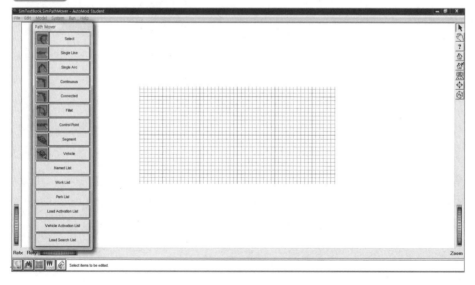

Path와 이러한 Path상에서 작업이 이루어지는 위치를 의미하는 Control point로 구성되어 있다.

2 ▲ 시스템 구현방법

컨베이어 시스템과 유사하게 Path Mover System 또한 크게 두 가지의 구성요소로 정의할 수 있다. 해당하는 구성요소는 크게 Path와 Control Point로 구분해볼 수 있다. Path는 Path Mover system상에서 vehicle이 움직일 수 있는 이송경로를 구성하는 요소를 의미하고, Control Point는 이러한 이송경로상에서 작업이 이루어지는 주요 위치를 나타낸다. 따라서, Path는 컨베이어 시스템의 section과 동일하게 기본적으로 직선(Straight Line)과 곡선(Arc Line)의 집합체로 구성할 수 있다. 따라서, 분석대상이 되는 Path Mover system의 사양을 조사하여 그 형태, 길이, 속도, 그리고 가속/감속 등의 사양치를 설정하는 기능을 Path Mover system에서 구성하게 된다. 이러한 기능은 앞서 [그림 4.1]에서와 같이 Path의 구성을 통해서 일차적으로 설정할 수 있다. 이러한 Path 위에 Path Mover system상에서 주요한 작업이 이루어지는 위치(Location)에 작업위치를 설정하는 기능이 Control point로 정의된다. 따라서, Path Mover system의 하드웨어적인 사양 뿐만 아니라 Path Mover system상에서 이루어지는 vehicle의 상세한 이동경로 및 작업형태와 같은 작업사양(예, Loading, Unloading, Waiting 등)과 같은 소프트웨어적인 요소에 대한 면밀한 조사와 검토가 이루어져야 한다.

Path Mover system에서 정의된 Path와 Control Point의 활용은 다음과 같이 이루어진다. 기본적으로 Path Mover system에서는 사전 정의된 Control Point 정보를 활용해서 구성할 수 있다. Path Mover system은 기본적으로 "move into"와 "travel to"의 기본 기능을 활용하여 이루어진다. 먼저, "Move into"는 AutoMod®내에서는 시스템 간 Load의 이동이 발생하는 경우에 사용하게 된다. 이를 시스템의 영역(Territory)의 변경이라고 설정한다. 따라서, Path Mover system 외에 다른 시

표 4.1   Path Mover 시스템의 Panel메뉴 항목 및 기능

Path Mover	Panel 메뉴	기능
Select	Select	Mouse선택으로 Path Mover 시스템의 요소를 선택하는 기능
Single Line	Single Line	직선형태의 Path를 그리는 기능
Single Arc	Single Arc	곡선형태의 Path를 그리는 기능
Continuous	Continuous	직선과 곡선형태의 path를 연속적으로 그리는 기능
Connected	Connected	임의의 path를 선택하여 이를 연결하는 path를 그리는 기능
Fillet	Fillet	교차되는 직선형태의 Path를 Arc형태로 연결하는 기능
Control Point	Control Point	Path상에 작업위치를 나타내는 point를 지정하는 기능
Segment	Segment	"Vehicle 및 Segment 설정" 단락참조
Vehicle	Vehicle	
Named List	Named List	Control Point의 집합체를 정의하고, 이름을 정의하는 기능
Work List	Work List	Control point에서의 작업대상 검색위치를 지정하는 기능
Park List	Park List	Control point에서 대기장소 검색위치를 지정하는 기능
Load Activation List	Load Activation List	Load가 Idle상태에 있는 Vehicle을 깨우는 Location List를 지정하는 기능
Vehicle Activation List	Vehicle Activation List	Vehicle이 Idle상태에 있는 다른 Vehicle을 깨우는 Location List를 지정하는 기능
Load Search List	Load Search List	Load가 Idle상태에 있는 Vehicle을 깨우면서 동시에 요청하는 Location List를 지정하는 기능

스템에서 Path Mover system으로 이동이 되거나 반대로 Path Mover system에서 다른 시스템으로 territory가 변경되는 경우에도 사용되는 기능이다. 이와는 달리 "travel to"기능은 동일 시스템에서의 위치이동에 사용되는 것으로 생각하면 되겠다. 즉, 이동경로의 시작점에서 반대편 끝점으로 이동하는 경우와 같이 하나의 동일 Path Mover system내에서 위치이동이 이루어지는 경우라면 "travel to" 기능을 이용하는 것이다.

• Move into "Path Mover system 명: Control Point명"
다른 시스템내에서 Path Mover system으로 위치이동이 발생하는 경우에 사용하
는 기능이다. 즉, territory의 변경이 발생하는 경우에 적용하는 기능이다.

• Travel to "Path Mover system 명: Control Point명"
동일 Path Mover system내에서 위치이동이 발생하는 경우에 사용하는 기능이다.
AutoMod®에서는 이송의 시작점(From Station)과 도착점(To Station)만 정의하면
별도의 추가적인 설정이 없는 경우는 최단경로를 기준으로 이동경로상에서 경로
를 자동으로 설정하게 된다.

Work List나 Park List는 비교적 쉽게 이해가 가능한데, Load Activation List,
Vehicle Activation List, 그리고 Load Search List는 다소 어렵게 느껴질 수도 있겠
다. 이들 세 가지의 List에 대해서 좀 더 상세히 알아보도록 하자.

- Load Activation List: Load가 새로운 위치로 이동할 경우에는 먼저 현
  재 위치에 Vehicle이 대기하고 있는지를 먼저 확인한다. 만약 현재 위치에
  Vehicle이 없고, Load Search List가 설정되지 않은 경우에 해당하는 Load
  는 Load Activation List를 사용하게 된다. 즉, 해당하는 Location에 나타난
  Load가 비어있는 Vehicle을 깨우기 위해서 검색대상이 되는 Location List
  를 설정하는 기능이다. Pick up대상이 되는 Load가 자신을 이송할 수 있는
  가용한 vehicle을 찾기 위해서 이용할 수 있다. Load Activation List에 의
  해서 깨어진 vehicle은 자신의 Work List를 검색하여 Job을 진행하게 된다.
  주의할 점은 Idle상태의 Vehicle을 깨운 Load가 아닌 자신의 Work List상
  의 위치에 존재하는 다른 Load를 Pick up할 수도 있다는 것이다.
- Vehicle Activation List: 임의의 Vehicle이 현재 Location을 떠나려고 하는
  경우를 가정하자. 이때, 이 Vehicle은 동일 시스템에 있는 다른 Vehicle을
  깨우기 위하여 Vehicle Activation List에 설정되어 있는 Location을 검색하
  게 된다. 즉, 현재 자신이 있는 Location이 empty상태가 된다는 것을 Idle
  vehicle에 알려주는 기능을 수행한다. 이때 검색된 Vehicle은 자신에 해당

하는 Work list나 Park List를 검색하여 그 다음 job을 수행한다.

■ Load Search List: Load Activation List와 유사한 속성을 지닌다. 차이점
은 Load Activation List에서는 Idle상태의 Vehicle을 깨우는 기능만을 우
선적으로 진행하여 해당하는 Load가 Pick up이 안될 수도 있지만, Load
Search List는 Empty상태에 있는 Vehicle을 요청하여 해당하는 Load를
Pick up하도록 하는 기능을 갖게 된다. 따라서, 이때 요청된 Vehicle은 자
신의 Park List대로 움직이지 않고 해당 Vehicle을 요청한 Load의 Pick up
작업을 진행하게 된다.

3 Path Mover 시스템 Drawing 방법

　AutoMod®모델에서는 Process 시스템을 제외한 모든 시스템은 분석대상이 되
는 물류시스템의 형상을 실제와 동일하게 또는 유사하게 구성하는 과정이 필요하
다. Conveyor 시스템, Path Mover 시스템, AS/RS 시스템 그리고 Kinematics 시스
템 등이 모두 이러한 구현대상에 해당된다. 컨베이어 시스템의 형태를 구성하는
요소는 크게 선(Line)과 호(Arc)로 구성되어 있다. 따라서, 시뮬레이션 구현대상의
형태를 분석하여 이를 구성하는 선과 호의 연결형태를 파악하여, 이를 단계적으로
그림형태로 구성하면 된다.

　AutoMod®에서는 모든 선과 호의 시작은 AutoMod®화면상에 대상체의 시작
점을 왼쪽 마우스를 클릭하여 설정하게 된다. 선(Line)의 경우는 왼쪽 마우스로 설
정된 시작점을 기준으로 마우스를 움직이면 마우스의 이동방향에 따라 해당하는
선(Line)의 형태가 화면상에 나타난다. 특정 라인의 시작위치와 끝위치를 화면상
에서 마우스만을 이용해서 명확히 설정할 수 있는 경우에는 이러한 방법으로 해서
단위 그림을 그려나갈 수 있다. 그러나, 화면상에서의 위치지정이 불명확한 경우
에는 마우스를 이용하여 대략적인 모양을 형성한 후에, 편집기능을 이용하여 정확
한 길이를 설정할 수 있다. 호(Arc)의 경우도 유사한 방법을 이용하여 형상을 구현
할 수 있다. 먼저, 호의 시작위치를 왼쪽 마우스를 이용하여 설정한 뒤, 마우스 이

동을 통하여 호의 크기를 설정할 수 있다. 또한, 이렇게 설정된 호는 추가적인 선택과정을 통하여 호의 크기를 재설정할 수 있다.

■ Select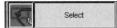

① 용도

• Path Mover 시스템에 구성되어 있는 Path와 Control Point의 정보를 편집하기 위해서 편집대상 Path와 Control Point를 선택하기 위해 사용한다.

② 사용방법 및 예제

• 방법 1) 특정 Path와 Control Point를 왼쪽 마우스를 click하여 선택하는 방법
• 방법 2) 여러 개의 Path와 Control Point를 동시에 선택해야 하는 경우는 왼쪽 마우스를 click한 상태에서 마우스를 dragging하여 선택할 paths과 control points에 해당하는 영역을 선택하는 방법

그림 4.2 Path Mover 시스템의 'Select'기능 사용방법

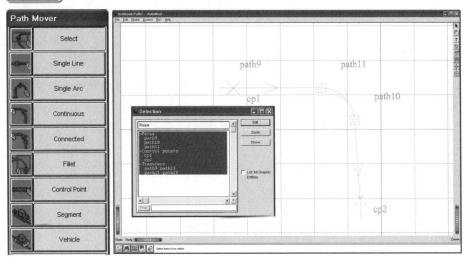

③ 참조사항

- 'Select' 기능은 path나 control point의 수정이나 삭제 등과 같은 편집기능
  을 위해 주로 사용된다.
- 영역범위 지정을 통해서 'Select' 기능을 실행한 경우는 해당하는 영역범위
  내에 있는 Path, Control Points, Transfers 등에 해당하는 모든 요소가 선택
  된다.
- 'Select' 기능을 통해 선택된 항목에 대해서는 해당하는 요소를 선택하고,
  'Edit' 버튼을 실행하면 상세항목의 편집이 가능하다.

■ Single Line

① 용도

- Path Mover 시스템의 경로는 크게 직선(Line)과 호(Arc)로 구성되게 된다.
  이 기능은 Line형태의 path를 구성하는 경우에 사용한다. 이 기능은 하나의
  직선형태의 단위 path를 구성하는 경우에 사용한다.

② 사용방법 및 예제

| 그림 4.3 | Path Mover 시스템의 'Single Line'기능 사용방법 |

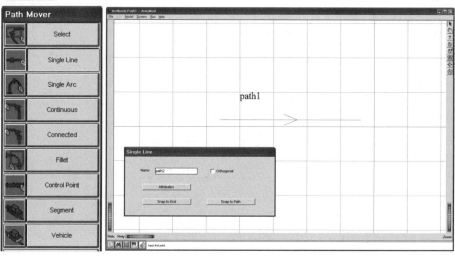

- 왼쪽 마우스를 이용하여 직선형태의 path의 시작 위치를 선택(Press)하고 마우스를 dragging하여 끝위치에서 마우스를 놓게(Release)되면 원하는 직선형태의 path가 그려진다.

③ 참조사항

- 'Single Line'을 선택한 경우는 앞의 그림에서와 같이 Line의 시작점을 지정하고 해당하는 path길이만큼 dragging 후에 Mouse를 release하게 된다.
- 선형의 path는 사용자가 마우스 이동하는 형태에 따라서 다양한 각도의 사선으로 생성할 수 있다.
- 단, 'Orthogonal'에 해당하는 선택항목을 설정하게 되면, line의 형태는 직각형태로만 생성되게 된다.
- 기존에 생성된 path를 기준으로 하여 새로운 line을 추가하는 경우는 'Snap to End'나 'Snap to Path' 중의 하나의 option을 선택하여 기존 path와의 연결방법을 선택할 수 있다.

■ Single Arc

① 용도

- 위의 기능과 유사하게 Path Mover 시스템을 구성하는 호(Arc)를 그리는 경우에 사용한다. 이 기능은 하나의 호형태의 단위 path를 구성하는 경우에 사용한다.

② 사용방법 및 예제

- 왼쪽 마우스를 이용하여 호형태의 section의 시작 위치를 선택(Press)하고 마우스를 dragging하여 끝위치에서 마우스를 놓게(Release)되면 원하는 호형테의 section이 그려신다.

그림 4.4   Path Mover 시스템의 'Single Arc'기능 사용방법

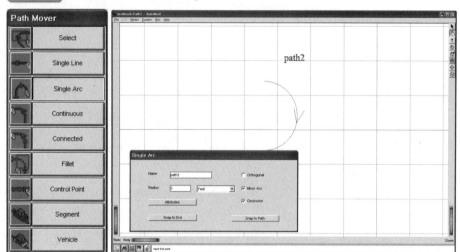

③ 참조사항

- 'Single Arc'를 선택한 경우는 위의 그림에서와 같이 호(Arc)의 시작점을 지정하고 해당하는 호의 길이만큼 dragging 후에 Mouse를 release하게 된다.
- 호형태의 Path는 사용자가 마우스 이동하는 형태에 따라서 다양한 각도의 형태로 생성할 수 있다.
- 단, 'Orthogonal'에 해당하는 선택항목을 설정하게 되면, arc의 형태는 직각 단위 형태로만 생성되게 된다.
- 기존에 생성된 path를 기준으로하여 새로운 호(Arc)를 추가하는 경우는 'Snap to End'나 'Snap to Path' 중의 하나의 option을 선택하여 기존 path 와의 연결방법을 선택할 수 있다.
- 호(Arc)형태의 path가 그려지는 방법은 path의 시작점을 기준으로 시계방향(Clockwise) 또는 반시계방향(Counter-Clockwise) 형태로 구성할 수 있다. 이러한 옵션은 사용자가 해당하는 메뉴 선택여부에 따라서 적용할 수 있다.

■ Continuous

① 용도

● 직선형태와 호의 형태가 반복적이고 연속적으로 연결되어 있는 path를 구성하고자 하는 경우에 사용하는 기능이다.

② 사용방법 및 예제

● 마우스로 시작위치를 선택하여 해당하는 일정지점을 선택하면 직선형태의 path가 그려지면서 호형태의 path가 새롭게 나타나고, 또다시 일정지점을 왼쪽 마우스로 지정하면 호형태의 path가 그려지는 형태로 연속적인 path를 구성하는 방법을 이용한다.

그림 4.5 Path Mover 시스템의 'Continuous'기능 사용방법

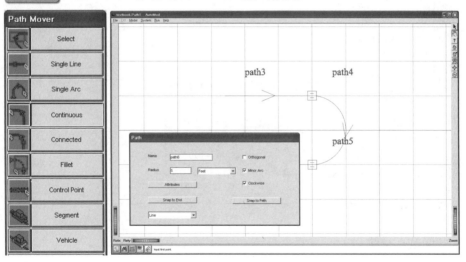

③ 참조사항

● 'Continuous'의 기본구성방법은 'Single Line'과 'Single Arc'의 혼합형으로 생각할 수 있다. 따라서, path편집에 적용되는 옵션은 이러한 두 가지의 기능을 혼합한 형태로 이해하면 쉽게 적용할 수 있다.

■ Connected

① 용도

• 서로 떨어져 있는 (또는 연결되지 않은) 임의의 2개 path를 연결하고자 하는 경우에 사용하는 기능이다.

② 사용방법 및 예제

• 먼저 연결하고자 하는 임의의 한 path를 선택하고, 이어서 나머지 path를 선택하게 되면 자동으로 2개의 path를 연결하는 path가 그려지게 된다.

그림 4.6   Path Mover 시스템의 'Connected'기능 사용방법

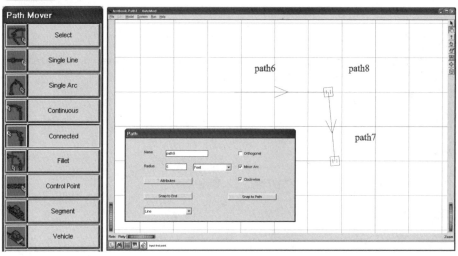

③ 참조사항

• 임의의 2개 paths를 연결하는 추가적인 path는 선(Line) 또는 호(Arc) 중에서 사용자의 판단에 따라 선택할 수 있다.

• 임의의 paths를 연결하는 방법은 'Snap to End'와 'Snap to Path' 중에서 선택할 수 있다.

• 'Snap to End'는 path를 연결하는 시작점을 각 path의 끝점을 기준점으로 설정하는 경우이고, 'Snap to Path'는 해당하는 path의 중간위치를 기준점

으로 설정하게 된다.

■ Fillet

① 용도

• 직선형태를 갖는 2개의 임의의 path를 선택하여 이를 연결하는 paths를 구성하기 위해 사용하는 기능이다. 직선형태의 paths 모양이나 위치에 따라서 자동으로 호 형태의 path를 구성하게 된다.

② 사용방법 및 예제

• 왼쪽 마우스를 누른 상태에서 fillet 대상이 되는 paths를 dragging하여 선택하면 이를 연결하는 호형태의 가상 path가 나타나고, 호의 크기를 결정하는 수치를 입력하면 최종 호형태의 path가 그려진다.

그림 4.7   Path Mover 시스템의 'Fillet'기능 사용방법

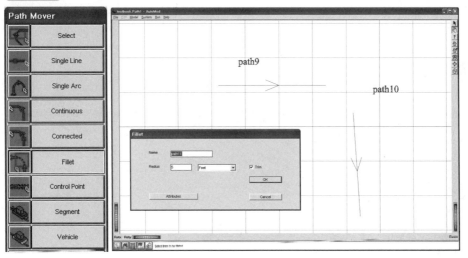

③ 참조사항

• Fille을 적용하기 위해서는 Fillet적용대상이 되는 path는 반드시 다음의 속성을 만족하여야 한다.

- 동일한 높이값(z-axis에 해당하는 값)을 가져야 한다.
- 평행(Parallel)하게 배치된 path는 fillet을 적용할 수 없다.
- Fillet이 적용되는 호(Arc)의 반경치는 시스템에서 자동으로 설정하나, 사용자가 임의적으로 지정할 수 있다.

■ Control Point

① 용도
- Path Mover 시스템은 path와 control point로 구성되어 있다. 시뮬레이션 모델 구성을 위해서는 주요 작업이 이루어지는 위치를 path상에 표현하여야 한다. Control point는 이러한 위치를 설정하기 위해 사용하는 기능이다.

② 사용방법 및 예제
- Path Mover 시스템의 path 위에 원하는 위치를 왼쪽 마우스로 pointing하면 'X' 형태의 모양과 함께 control point의 이름이 나타나게 된다. Control point의 이름은 사용자가 원하는 대로 설정할 수 있으며, 별도의 control point name을 설정하지 않는 경우는 'cp'로 시작하는 접두어(prefix)를 기

그림 4.8   Path Mover 시스템의 'Control Point' 기능 사용방법

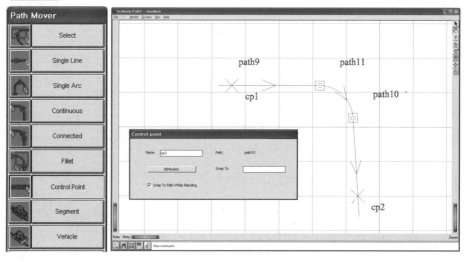

준으로 일련번호가 자동으로 부여되게 된다.

③ 참조사항

- Control point 명칭은 기본값(Default)으로 'cp'로 시작하여, 시스템에서 사용자가 control point를 정의할 때마다 일련번호를 증가시켜서 생성시킨다.
- Control point의 접두어를 사용자가 정의할 수 있으며, 일련번호는 정의된 접두어를 기준으로 다시 증가하는 형태로 생성된다.

 ## 4 ▲ Control Point 운영 방법

Path Mover system을 구현하기 위해서는 Path Mover system에서 정의된 Control point를 관리하는 List의 개념에 대한 이해가 우선적으로 필요하다. Path Mover system에서 가장 많이 이용되는 List는 바로 Work List와 Park List이다. 따라서, 기본적으로 이들 2개 List의 정의 및 운영방법에 대한 이해만으로도 Path Mover System을 운영할 수 있다. Work List와 Park List의 정의는 다음의 운영예제를 이용하여 학습해보도록 하자.

A물류센터에서는 제품의 입고, 저장, 출고 작업을 Forklift를 이용하여 동시에 진행하고 있다. 현재 물류센터내에는 3대의 Forklift를 이용하여 이러한 작업들을 운영하고 있다. 물류센터내에서 이루어지는 Forklift의 이동형태를 분석한 결과에 의하면, 입고작업이 이루어지는 Location은 3곳이고, 제품의 저장은 2곳, 그리고 제품출고작업이 이루어지는 위치는 2곳으로 조사되었다. 시뮬레이션 모델에서는 Path Mover system을 생성하여 Forklift의 이송경로는 나타내는 path를 구성하고, path상에서 forklift의 주요작업이 이루어지는 다음의 control point를 정의하였다

입고작업(3): cp_incoming1, cp_incoming2, cp_incoming3
저장작업(2): cp_storage1, cp_storage2
출고작업(2): cp_shipping1, cp_shipping2
Forklift대기장소(3): cp_idle1, cp_idle2, cp_idle3

앞의 Control point정의에서와 같이, 입고, 저장, 그리고 출고작업에 해당하는 작업이 없는 경우에 3대의 forklift가 각각{cp_idle1, cp_idle2, cp_idle3}에서 대기한다. Forklift의 기본작업형태는 다음과 같이 설정해보자. 입고작업이 발생하는 3개의 control에서 저장작업이 이루어지는 2개의 위치로 저장작업이 이루어진다. 일정시점 이후에 출고지시가 생성되면 2곳의 저장위치에서 2곳의 출고작업위치로 forklift의 이동이 이루어진다. 즉, forklift는 제품저장작업을 위해서 1차적으로 {cp_incoming1, cp_incoming2, cp_incoming3}에서 {cp_storage1, cp_storage2}로 이동하고, 제품출고작업을 위해서 2차적으로 {cp_storage1, cp_storage2}에서 {cp_shipping1, cp_shipping2}로 이동작업을 진행한다. 또한, 입고된 제품을 저장위치까지 이송작업을 완료하거나 출고지시가 생성된 제품을 출고작업을 완성한 경우에 Forklift는 대기장소로 이동하여 그 다음 작업을 대기하도록 한다.

앞서 예제를 기준으로 Forklift의 작업내용을 관찰해보도록 하자. Forklift기준으로 Loading작업이 이루어지는 위치는 크게 2개소로 구분할 수 있다. 즉, 입고된 제품을 Loading하여 저장위치로 이송시키거나 저장된 제품을 Loading하여 출고위치로 이송하는 두 가지의 작업형태가 있을 수 있다. 따라서, Forklift의 현재 위치에 상관없이 모든 Forklift는 입고위치에 해당하는 Control Point와 저장위치에 해당하는 Control Point에 Loading작업이 존재하는지를 항상 check해야 한다. 이러한 하나의 작업을 마무리한 뒤에 추가작업이 있는지를 확인하는 Control points의 집합을 WorkList라 한다. 앞서 설정된 작업방법에 있어서 Work List는 5개의 control points의 집합인 {cp_incoming1, cp_incoming2, cp_incoming3, cp_storage1, cp_storage2}로 정의할 수 있다. 이와 같이 복수개의 control point를 Work List나 Park List로 설정하는 경우는 시뮬레이션 모델작업의 편의를 위하여 Named List라는 기능을 효과적으로 사용할 필요가 있겠다. Named List는 시뮬레이션 개발자의 임의대로 여러 개의 Control Points를 하나의 묶음단위로 만들고 그 묶음의 이름을 설정하는 것이다. 따라서, 앞서 예제에서 설정된 Work List에 해당하는 Control Points를 임의적으로 LoadingList로 정의하고, LoadingList={cp_incoming1, cp_incoming2, cp_incoming3, cp_storage1, cp_storage2} 로 설정하였다. 다음은

Park List에 대해서 알아보도록 하자. 앞서 정의된 Work List와는 반대로 Park List 는 현재 수행중인 작업이 완료되면 Forklift는 사전 정의된 일정 위치에서 Idle상태 로 대기하게 된다. 이러한 대기가 발생하는 위치를 Park List라 정의한다. 위의 예 제에서는 입고된 제품에 대해서 저장작업을 완료하거나 출고지시가 내려진 제품 을 출고작업이 완료되면 Forklift의 대기 공간인 {cp_idle1, cp_idle2, cp_idle3}로 이동하여 대기하게 된다. 이러한 3개의 control points의 집합을 ParkingList라고 정의하도록 하자. 따라서, ParkingList={cp_idle1, cp_idle2, cp_idle3}로 설정되어 진행할 수 있다.

이러한 Work List와 Park List의 설정에 대한 상세 정의를 다음의 [표 4.2]에 정리하였다. 다음의 표에서는 각 control point에서의 work list 및 park list에 대한 설정형태를 정리한 내용이다.

표 4.2   각 Control point에서의 Work List와 Park List 설정형태

At	Work List	Park List	비고
cp_incoming1	-	-	• 현재위치는 입고작업의 시작점이라 별도의 Work List와 Park List의 설정은 필요 없음
cp_incoming2	-	-	
cp_incoming3	-	-	
cp_storage1	LoadingList	ParkingList	• 저장위치나 출고위치에서는 Work List와 Park List가 동시에 존재함. • Work List에 해당하는 위치에 작업이 존재하면 우선 수행하고, Work List에 해당하는 위치에 작업이 없는 경우는 Park List에 해당하는 위치로 이동하여 Idle상태로 대기하게 된다.
cp_storage2	LoadingList	ParkingList	
cp_shipping1	LoadingList	ParkingList	
cp_shipping2	LoadingList	ParkingList	
cp_idle1	LoadingList	-	• 현재위치가 ParkingList에 포함되어 있으므로 별도의 Park List설정이 필요없음
cp_idle2	LoadingList	-	
cp_idle3	LoadingList	-	

5 Vehicle 및 Segment 설정방법

Path Mover system을 적용하기 위해서는 앞서 설명된 Vehicle의 작업방법을 정의하는 Control Points 설정, Work List 설정 및 Park List 설정 외에도 이러한 Path와 Control Point상의 Vehicle의 운영형태를 정의하는 추가적인 작업이 필요하다. 그러한 작업을 진행하는 것이 바로 Vehicle과 Segment 설정기능에서 진행된다. 먼저, Path Mover system의 메뉴 Panel에서 Vehicle을 선택하면 Vehicle의 명칭을 정의하는 기능을 수행한 뒤에 다음의 그림과 같은 화면을 접하게 된다. 다음의 그림에서와 같이, Vehicle화면에서는 주로 Path Mover system에 적용할 Vehicle의 속성을 정의하는 기능을 포함하고 있다. 다음의 [그림 4.9] 에 나타나 있는 주요한 항목과 기능은 다음과 같다.

- Vehicle Type: 현재 설정중인 Vehicle의 명칭을 편집하는 항목.
- Vehicle Capacity: Vehicle에 최대로 적치할 수 있는 Load 개수.
- Number of Vehicles: 동일 속성을 갖는 Vehicle 대수를 지정하는 항목.

그림 4.9   Path Mover System에서 Vehicle 사양을 설정하는 화면

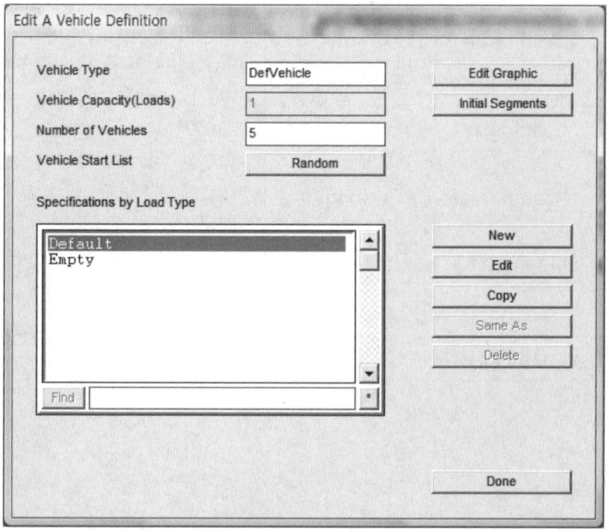

- Vehicle Start List: 시뮬레이션이 시작하는 시점에 Vehicle의 초기위치를 설정하는 기능. Default로 설정되는 option은 "Random"으로 정의된 Control Points 중에서 임의로 선정하여 Vehicle의 초기위치를 선택하게 되고, Vehicle의 초기 위치를 인위적으로 지정하기 위해서는 Control Points 중에서 Vehicle 대수만큼 선택하여 이를 Named List를 구성하여 지정하게 된다.

- Edit Graphics: Vehicle의 Graphic 정보(크기, 방향 등)를 편집하기 위한 Button.

- Initial Segment: 편집 중인 Vehicle이 이용하게 되는 Segment를 지정하기 위한 Button.

- Specification by Load Type: 편집중인 Vehicle에 적치된 Load형태에 따라서 Vehicle의 운송정보를 구분하여 지정하기 위한 기능임. 기본적으로 주어진 항목은 "Default", "Empty" 등 두 가지 행태로 지정되고, 필요시에 Load type을 추가하여 항목을 편집할 수 있다.

하나의 Vehicle은 경우에 따라서는 여러 개의 segment로 구성될 수 있다. 예를 들어, 기차(Train)을 하나의 Vehicle로 정의한다면, 기차에는 여러 개의 compartments가 결합되어 하나의 기차를 구성할 수 있다. 또한, 이러한 compartments의 수는 증가할 수도 있고 줄어들 수도 있다. 따라서, 하나의 vehicle에 여러 개의 segments를 정의하여 설정함으로써 다양한 형태의 Vehicle 운영형태를 설정할 수 있다. 다음의 화면은 AutoMod®상에서 정의되는 segment 정의 화면으로서 중요한 설정항목에 대해서 알아보도록 하자.

- Segment Type: 현재 설정 중인 segment의 명칭을 편집하는 항목.
- Segment Capacity(Loads): 해당 segment에 최대로 적치할 수 있는 Load 개수.
- Load Pickup Time: 해당 segment에서 Load를 상차하는데 소요되는 시간 설정.

그림 4.10 Path Mover System에서 Segment 사양을 설정하는 화면

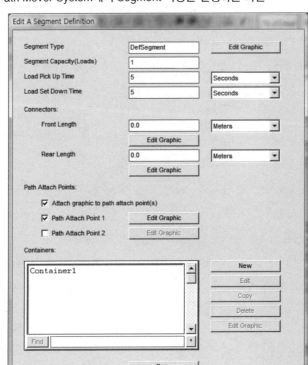

- Load Setdown Time: 해당 segment에서 Load를 하화하는데 소요되는 시간 설정
- Connectors: 현재 segment와 전/후 segment와의 connection형태를 설정하는 기능
- Containers: Segment에 Load가 적치되는 위치를 구체적으로 정의한 요소를 Container라고 부른다. 따라서, 이 기능은 segment상에 Load적치위치를 구체적으로 어떻게 설정한 것인지를 편집하는 기능이다.

6 적용예제

Path Mover system의 구현방법을 다음의 예제모델을 통해서 간략히 알아보도록 하자. 다음의 [그림 4.11]에 구성된 Path Mover system은 3개의 control point로 구성되어 있다. Control point 'cp1'에 도착한 제품은 다음의 [그림 4.11] 에서와 같이 forklift를 이용하여 cp2 또는 cp3에 해당하는 위치로 이송하게된다. 이러한 Control point를 구성하기 위해서는 먼저 forklift의 동선을 나타내는 경로로 path를 다음의 그림과 같이 우선 구성한다.

단계1) Vehicle Path 설정방법

본 예제에서는 [그림 4.11]에서와 같이, Vehicle Path를 구성하도록 한다. Path Mover system에 해당하는 메뉴 중에서 single line과 fillet기능을 이용하여 다음의 그림에서와 같은 이송경로를 구성한다. 다음의 그림에서 Path 간에 사각형 형태의 transfer가 보이는데, 이는 서로 다른 path를 연결하는 경우에 반드시 transfer

그림 4.11 Path 및 Control Point 구성 예제

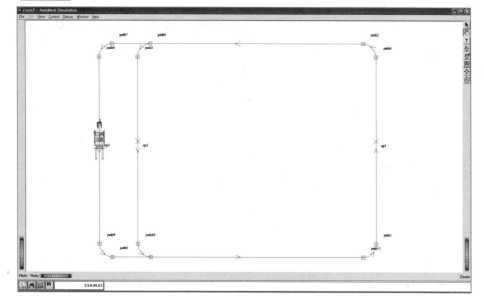

가 형성되어야 해당하는 path가 서로 연결된 것으로 인식할 수 있다. 즉, transfer 가 나타나지 않을 경우는 임의의 2개 paths는 연결된 path로 인식할 수 없게 되어서 forklift는 이동경로를 찾지 못하게 된다.

단계2) List 설정방법

이송경로를 path를 이용하여 구성한 뒤에 forklift의 작업이 발생하는 위치인 control points를 path 위에 지정하는 작업을 진행한다. 위의 [그림 4.11]에서와 같이, 3개의 control points를 지정하는 과정에서 오른쪽에서부터 순차적인 cp1, cp2, 그리고 cp3를 설정하게 된다. 위의 [그림 4.11]에서 'X'형태로 보이는 symbol 이 control point를 의미한다. 다음으로는 Work List의 구성예제를 살펴보도록 하자. 앞서 설명된 바와 같이, Path Mover system에서의 Work List는 Path Mover system에 적용된 vehicle이 임의의 control point상에 위치해 있는 경우에 후속작업(Next job)을 진행하기 위해서 확인해야 할 control point(s)를 의미한다. 본 예제에서는 다음의 [표 4.3]와 같은 형태로 Work List를 설정할 수 있다.

표 4.3   예제에 해당하는 Work List 설정내역

At	Work List
cp2	cp1
cp3	cp1

따라서, 위의 Work List 정의에 따라서 forklift는 cp2 또는 cp3에서의 작업이 완료되면 항상 cp1에 추가적으로 이송대상이 되는 제품이 있는지를 항상 확인하게 된다. 추가적으로, 동일 예제에 대해서 Park List설정 방법에 대해서도 알아보도록 하자. 현재 구성중인 예제에서는 cp1에서 제품을 Loading하여 cp2 또는 cp3로 이송하게 된다. 만약, cp2 또는 cp3로의 제품이송작업이 완료된 후에 forklift가 제품을 하차한 위치에 그대로 머물러 있는 것으로 가정하는 경우는 별도로 park list를 설정할 필요가 없다. 그러나, cp2 또는 cp3에 제품을 하차한 forklift가 항상 cp1으로 이동하여 대기하는 경우를 고려한다면 별도의 Park List설정이 필요하다.

본 예제에서는 다음과 같은 경우를 생각해보자. 제품이 도착하는 control point인 cp1에서 제품을 loading하여 cp2 또는 cp3로 제품을 이송한 forklift는 항상 cp1으로 이동하여 다음 작업을 대기하는 것으로 가정하면 아래의 [표 4.4] 와 같은 Park List 설정이 필요하다.

표 4.4 예제에 해당하는 Park List 설정내역

At	Park List
cp2	cp1
cp3	cp1

앞에서 설정된 Work List와 Park List는 동일한 형태의 설정을 갖게 되므로, 실제로는 Work List나 Park List 중 하나만 설정해도 forklift의 작업형태는 동일하게 구현 가능하다. 만약 제품이송을 마친 forklift가 별도의 대기공간에서 대기하는 것으로 작업방법을 변경한다면 다음과 같은 형태로 수정하면 되겠다. 즉, cp2 또는 cp3로 제품이송작업을 마친 forklift는 cp4에서 대기하는 것으로 가정하면, 해당하는 Work List와 Park List는 다음과 같이 수정하면 된다. 아래의 [표 4.5]에서와 같이, 이송작업이 완료되는 cp2 또는 cp3에서는 작업이 이송작업이 완료됨과 동시에 cp1에 후속작업이 있는지를 확인하고, 대기 중인 작업이 없을 경우는 Park List에 해당하는 cp4로 이동하게 된다. Forklift대기공간인 cp4에서도 항상 cp1에 후속작업이 있는지를 확인하여 작업이 생성될 경우에 cp1으로 다음 작업을 진행하기 위하여 이동하게 된다.

표 4.5 Control point가 추가된 경우의 List 변경형태

Work List		Park List	
At	Control Point	At	Control Point
cp2	cp1	cp2	cp4
cp3	cp1	cp3	cp4
cp4	cp1	-	-

앞서 정의된 forklift의 작업방법을 기준으로 다음과 같은 프로세스를 고려해보자. 아래에는 'AGV_Transport'라는 process를 정의하였다. 즉, 다음의 프로세스로 투입되는 Load는 먼저 'AGV'로 정의된 Path Mover system의 cp1으로 도착하게 된다. 앞서 설명된 바와 같이, "move into AGV:cp1"은 process에 도착한 load가 control point로 이동하게 된다. Control point 'cp1'에 도착한 제품은 이송도착지를 cp2와 cp3로 번갈아 가면서 이송하는 것으로 설정하였다. "travel to nextof(AGV:cp2, AGV:cp3)"에서와 같이, nextof 함수는 괄호 안에 있는 내용을 순차적으로 설정하는 것에 해당하는 forklift작업에서는 제품의 이송도착지를 AGV:cp2와 AGV:cp3로 순차적으로 설정하는 방법을 정의한 것이다.

```
Begin AGV_Transport arriving procedure
  move into AGV:cp1
    travel to nextof(AGV:cp2, AGV:cp3)
End
```

다음의 [그림 4.12]는 앞서 설정된 방법을 통하여 구성된 시뮬레이션 모델의 실행화면을 예시로 정리한 내용이다.

그림 4.12   Path Mover System을 이용한 실행예제

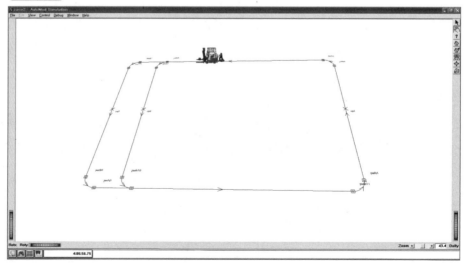

CHAPTER 05

Bridge Crane System

1 ▲ 기능개요

　　Bridge Crane 시스템은 기타의 이송시스템과 기본적으로 유사한 형태로 간주할 수 있다. 앞서 설명된 컨베이어 시스템, Path Mover 시스템과의 차이점은 이들 두 시스템은 고정된 이송 route를 먼저 설정하고, 그 route상에서 다양한 형태의 물류기능이 수행되도록 정의하는 형태를 가지고 있으나, Bridge crane의 경우는 2차원 공간상에서 PD(pick-up and delivery) Stand를 사전적으로 정의하고, 해당하는 P/D stand가 물류기능이 이루어지는 공간위치로서 이용하는 방법을 취한다. Bridge crane에서의 물류기능은 제품을 들어올리는 권상(Loading), 제품을 내려놓는 권하(Unloading), 그리고 Loading/Unloading 위치 사이를 움직이는 이송(Moving) 작업단위로 구성되어 있다. 기타의 모든 운영방법이나 개념은 Path Mover 시스템과 거의 유사하게 적용 가능하다. 이러한 Bridge Crane System이 가장 일반적으로 사용되는 분야는 철강제품의 생산공정이다. 철강생산공정에서는 Crane을 이용하여 철강소재, 반제품, 그리고 완제품을 저장, 이송, 반송 등의 취급작업을 하는 것이 가장 일반적이다. 따라서, Conveyor system이나 Path Mover system에 비해서는 적용분야가 다소 제한적일 수는 있겠지만, 특정 산업군에 따라서는 시뮬레이션 모델 구성을 위해서 절대적으로 필요한 요소이다.

2 시스템 구현방법

Bridge crane system은 기본적으로 일정 높이에 설정된 2차원 공간상에서 제품의 이동작업을 진행하는 Crane의 작업형태를 구성한 것이다. 기본적으로, 이러한 2차원 공간은 Bay와 Tier의 형태로 구성된다. 각 Bay와 Tier는 일정한 간격으로 구성되고, Bay 번호와 Tier 번호가 일종의 좌표역할을 하게 된다. 따라서, Bay와 Tier의 값으로 구성된 2차원 공간상에서 제품의 Loading, Moving, Unloading과 같은 작업을 시뮬레이션 모델로 구성하는 방법으로 Bridge Crane System을 이용하고 있다.

표 5.1 Bridge Crane 시스템의 Panel메뉴 항목 및 기능

Bridge	Panel 메뉴	기능
Bridge	Bridge	Crane의 전체구성 구조(높이, 길이, 기본공간 단위 등)를 설정하는 기능
P&D Stand	P & D Stand	Crane 시스템의 길이방향, 폭방향에 따라서 Bay, Tier 값을 이용하여 위치명을 설정하는 기능
Zone	Zone	여러 개의 P&D Stand를 영역으로 지정하여 Zone으로 설정하는 기능
Crane	Crane	Crane 시스템의 vehicle인 crane의 상세 spec을 설정하는 기능
Named List	Named List	여러 개의 P&D stand 및 Zone을 하나의 집합체로 설정하기 위한 기능
Work List	Work List	임의의 Stand에서 작업검색대상이 되는 Stand를 지정하기 위한 기능
Park List	Park List	임의의 Stand에서 Crane 대기위치를 지정하기 위한 기능
Load Activation List	Load Activation List	Load가 Idle상태에 있는 Crane을 깨우는 Location List를 지정하는 기능
Vehicle Activation List	Vehicle Activation List	Crane이 Idle상태에 있는 다른 Crane을 깨우는 Location List를 지정하는 기능
Load Search List	Load Search List	Load가 Idle상태에 있는 Crane을 깨우면서 동시에 요청하는 Location List를 지정하는 기능

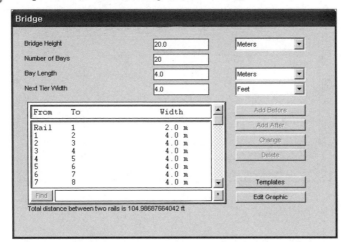

그림 5.1 Bridge Crane 시스템에서 Bridge 사양을 설정하는 화면

- **Bridge Height**: 구성하는 Bridge crane의 높이를 지정하는 항목으로 높이는 직접 입력하고 단위는 Combo Box에서 선택할 수 있음.

- **Number of Bays**: Bay의 정의는 Crane의 주이동 방향을 따라서 구성되는 단위 위치를 의미한다. 하나의 Crane 시스템내에서 이러한 단위구간의 개수를 몇 개로 설정할 것인지를 지정하는 항목이다.

- **Bay Length**: Bay의 길이는 모든 Bay에 동일하게 설정하도록 되어 있다. Bay길이를 수치입력 및 단위를 설정할 수 있음.

- **Next Tier Width**: Tier는 Crane의 보조 이동 방향을 따라서 설정되는 구간의 수를 의미한다. 따라서, Next Tier Width는 이러한 구간의 폭을 지정하고 그 단위를 설정하도록 하는 항목이다. 기본값을 지정하는 것으로 다음의 Change메뉴를 이용하여 Tier단위로 별도 변경 가능하다.

- **Add Before**: Tier를 추가하는 메뉴로 마우스를 이용하여어 기준이 되는 tier를 지정하고, 이 메뉴 button을 누르면 지정된 tier 앞에 새로운 tie를 추가하게 된다.

- **Add After**: Tier를 추가하는 메뉴로 마우스를 이용하여 기준이 되는 tier를 지정하고, 이 메뉴 button을 누르면 지정된 tier뒤에 새로운 tie를 추가하게

그림 5.2   Bridge Crane 시스템에서 P&D Stands사양을 설정하는 화면

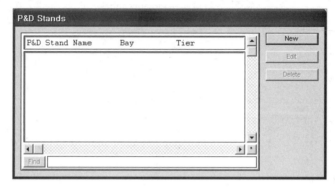

된다.

- Change: 선택된 tier의 사양을 수정할 수 있는 메뉴 button이다.

- Delete: 선택된 tier를 삭제할 수 있는 메뉴 button이다.

- Template: bridge crane의 전체 모양을 AutoMod®에서 제공하는 template 를 이용하여 변경하는 기능이다. Bridge cran의 모양을 좀 더 현실적으로 나타내기 위한 graphic적인 편집기능으로 시뮬레이션 구동기능에는 전혀 영향을 주지 않는다.

- Edit Graphics: Bridge crane의 전체 크기, 위치, 방향 등을 편집하기 위한 기능이다.

- P&D Stand Name: 새롭게 지정하는 P&D Stand의 이름을 나타내는 항목.

그림 5.3   Bridge Crane 시스템에서 Zone을 설정하는 화면

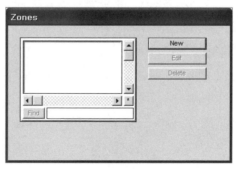

"New" Button을 선택하면 새로운 P&D Stand를 추가할 수 있다.

- Bay: 현재 설정된 P&D Stand의 Bay번호를 나타내는 숫자.
- Tier: 현재 설정된 P&D Stand의 Tier번호를 나타내는 숫자.

현재 Crane 시스템에 정의된 Zone list를 보여주는 List이다. "New" Button을 누르면 새로운 Zone을 정의할 수 있고, "Edit"나 "Delete" Button을 이용하여 상세 Zone내용을 편집하거나 Zone을 삭제할 수 있다.

- Crane Type: 현재 설정중인 Crane의 명칭을 편집하는 항목. "Edit Graphic" Button은 Crane의 세부형태를 편집할 수 있는 기능을 제공하는 Button이다.
- Crane Capacity: Crane 에 최대로 적치할 수 있는 Load 개수지정.

그림 5.4   Bridge Crane 시스템에서 Crane사양을 설정하는 화면

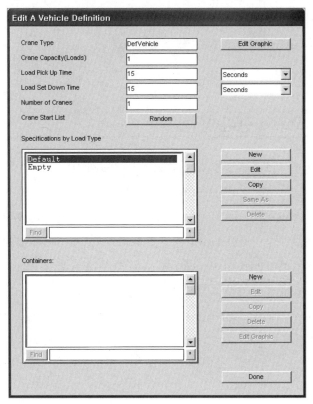

- Load Pick Up Time: 제품을 권상(들어올리는 작업)하는데 소요되는 시간을 설정하는 항목으로 시간단위는 Combo Box에서 지정할 수 있음.
- Load Set Down Time: 제품을 권하(내려놓는 작업)하는데 소요되는 시간을 설정하는 항목으로 시간단위는 Combo Box에서 지정할 수 있음.
- Number of Cranes: 동일 속성을 갖는 Crane대수를 지정하는 항목.
- Crane Start List: 시뮬레이션이 시작하는 시점에 Crane의 초기위치를 설정하는 기능. Default로 설정되는 option은 "Random"으로 정의된 P&D Stand중에서 임의로 선정하여 Crane의 초기위치를 선택하게 되고, Crane의 초기 위치를 인위적으로 지정하기 위해서는 P&D Stands 중에서 Crane대수만큼 선택하여 이를 Named List를 구성하여 지정하게 된다.
- Specification by Load Type: 편집 중인 Crane에 적치된 Load형태에 따라서 Crane의 운송정보를 구분하여 지정하기 위한 기능임. 기본적으로 주어진 항목은 "Default", "Empty" 등 두 가지 행태로 지정되고, 필요시에 Load type을 추가하여 항목을 편집할 수 있다.

3 P/D Stand 관리 방법

앞서 설명된 바와 같이, Bridge Crane System에서는 Bay번호와 Tier번호로 정의되는 P/D Point를 이용하여 Crane의 모든 작업을 관리하고 진행하게 된다. Path Mover System에서 Vehicle의 움직임을 관리하는 방법으로 Work List와 Park List를 사용하였는데, 이러한 List의 개념은 Bridge Crane System에서도 동일하게 적용할 수 있다. 즉, Crane이 Idle상태에 있는 경우에는 항상 Work List에 포함되어 있는 P/D Point에 추가작업 대상재가 있는지를 확인하고, 주어진 작업을 완료한 경우에는 Park List에 해당하는 P/D Point로 이동하여 Idle상태로 대기하게 된다. 따라서, 기본적으로 Crane의 움직임은 Path Mover System의 Vehicle이 움직이는 형태를 그대로 이용하여 적용할 수 있다. 단, Path Mover System과의 차이점으

그림 5.5 Bridge Crane 시스템의 구현형태

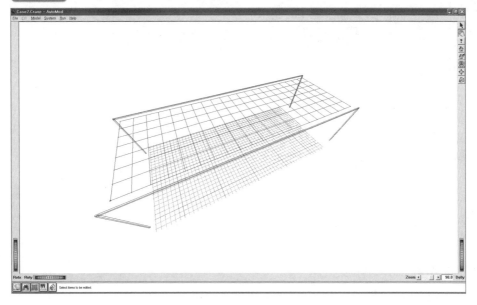

로는 Bridge Crane System에서는 여러 개의 P/D Point를 영역지정을 하여 Zone 을 형성시키고, 이 zone을 마치 하나의 P/D Point로 가정하여 Crane의 작업이 발 생하도록 할 수 있다는 것이다. Zone형태로 P/D Point를 정의한 경우에는 실제적 인 Crane작업의 발생위치는 Zone에 해당하는 여러 개의 Bay와 Tier 중에서 임의 적으로 생성시키게 된다. 이러한 Zone형태의 P/D Point 정의는 Crane의 작업위치 를 정확한 Bay와 Tier번호로 명확하게 설정하는 것이 어렵거나 애매한 경우에 사 용할 수 있겠다. 대략적인 위치영역으로만 설정된 Zone 정보를 이용하여 Crane의 Loading, Moving, Unloading 등과 같은 기본작업내용을 구현할 수 있다.

　　Bridge Crane 시스템을 활용한 Crane의 구동은 Path Mover 시스템에서 설명 된 방법과 동일하게 제품을 loading하는 단계에서는 "move into"를 사용하고, 제 품의 unloading point까지의 이동은 "travel to" 기능을 사용하게 된다. 이는 AS/RS 시스템에서도 동일하게 적용되는 방법이다.

CHAPTER

06

AS/RS System

1 ▲ 기능개요

　자동창고(Automated Storage and Retrieval System) 시스템은 자동화 시스템이 혼합된 물류시스템을 표현하기 위해서 적용할 수 있는 하나의 단위 시스템이다. 앞서 정의된 Crane 시스템과 유사하게 P/D stand 또는 P/D zone의 개념으로 자동창고 시스템의 위치정보를 정의한다. 이렇게 정의된 위치정보는 자동창고내의 pick-up and delivery vehicle의 작업방법을 설정하여 입고작업과 출고작업이 진행되도록 구성할 수 있다. 개념적으로는 AS/RS System은 여러 개의 Bridge Crane System이 결합된 형태라 생각할 수 있겠다. 자동창고 시스템은 현실적으로 물류시스템의 구성시에 흔히 적용할 수 있는 일반적인 형태는 아니지만, AutoMod®에서는 이러한 자동창고 시스템을 쉽게 구성하고 분석할 수 있도록 AS/RS 설정기능을 편리하게 제공하고 있다.

2 ▲ 시스템 구현방법

　AS/RS System의 경우는 AS/RS내에서 Vehicle이 움직이는 Aisle의 개수를 설정하고, 설정된 Aisle수만큼 Vehicle이 동일한 개수로 정의된다. 또한, 각 Aisle에 대해서는 동일한 형태의 P/D Point와 P/D Zone이 설정되게 된다. 또한, 앞서 Path Mover System이나 Bridge Crane System에서 설명된 Work List나 Park List에 대한 운영방법은 동일하게 설정되고 이용할 수 있다.

| 표 6.1 | AS/RS 시스템의 Panel메뉴 항목 및 기능 |

ASRS	Panel 메뉴	기능
Rack	Rack	AS/RS 시스템의 기본구조(높이, 폭, 통로수 등)를 설정하는 기능
P&D Stand	P&D Stand	Bay, Tier번호를 이용하여 AS/RS 시스템내에서의 위치명을 설정하는 기능
Zone	Zone	영역단위의 작업위치를 지정하기 위하여 사용되는 기능
SRM	SRM	SRM(Storage/Retrieval Machine)의 상세운영속성을 설정하는 기능
Named List	Named List	여러 개의 P&D stand 및 Zone을 하나의 집합체로 설정하기 위한 기능
Work List	Work List	임의의 Stand에서 작업검색대상이 되는 Stand를 지정하기 위한 기능
Park List	Park List	임의의 Stand에서 Crane 대기위치를 지정하기 위한 기능
Load Activation List	Load Activation List	Load가 Idle상태에 있는 Crane을 깨우는 Location List를 지정하는 기능
Load Search List	Load Search List	Load가 Idle상태에 있는 Crane을 깨우면서 동시에 요청하는 Location List를 지정하는 기능

- Number of Aisles: AS/RS 시스템에 구성될 창고 통로의 수를 설정하는 항목
- Aisle Width: AS/RS 시스템내에 구성될 통로의 폭을 설정하는 항목으로 거리의 단위는 별도로 Combo Box에서 Option으로 지정할 수 있다.
- Number of Bays: AS/RS에서는 AS/RS전면을 기준으로 안쪽 방향으로 설정된 기본 공간단위를 Bay로 설정한다. 따라서, 이 항목은 SRM(Storage/Retrieval Machine)의 주방향 이동에 해당하는 공간의 수를 설정하는 항목이다.
- Bay Width: 단위 Bay의 폭을 설정하는 항목.
- Bay Depth: 단위 Bay의 깊이를 설정하는 항목으로 저장공간의 이동깊이로 간주하면 된다.
- Next Tier Height: AS/RS의 바닥에서 시작하여 기본 저장단위를 나타내는 층을 Tier라 정의한다. 따라서, 이 항목은 각 층별 높이를 지정하는 기능이다.
- Adjacent Aisle Width: AS/RS는 하나의 Aisle을 기준으로 양방향의 저장공

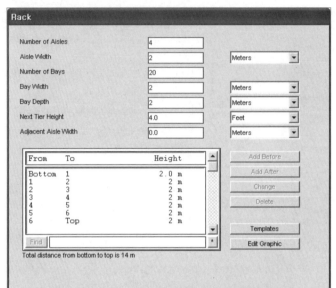

그림 6.1   AS/RS system에서 Rack 사양을 설정하는 화면

간을 구성하는 형태로 설정되어 있다. 따라서, 2개의 Aisle 간에는 저장공간이 2개씩 나타나게 된다. 이들 저장공간 단위 간의 여유공간에 대한 설정치이다.

- Add Before: Tier를 추가하는 메뉴로 마우스를 이용하여 기준이 되는 tier를 지정하고, 이 메뉴 button을 누르면 지정된 tier앞에 새로운 tier를 추가하게 된다.

- Add After: Tier를 추가하는 메뉴로 마우스를 이용하여 기준이 되는 tier를 지정하고, 이 메뉴 button을 누르면 지정된 tier뒤에 새로운 tier를 추가하게 된다.

- Change: 선택된 tier의 사양을 수정할 수 있는 메뉴 button이다.

- Delete: 선택된 tier를 삭제할 수 있는 메뉴 button이다.

- Template: AS/RS 의 전체 모양을 AutoMod®에서 제공하는 template를 이용하여 변경하는 기능이다. AS/RS의 모양을 좀 더 현실적으로 나타내기 위한 graphic적인 편집기능으로 시뮬레이션 구동기능에는 전혀 영향을 주지

그림 6.2   AS/RS system에서 P&D Stands 사양을 설정하는 화면

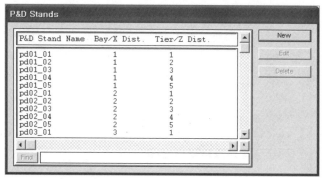

않는다.

- Edit Graphics: AS/RS의 전체 크기, 위치, 방향 등을 편집하기 위한 기능이다.
- P&D Stand Name: 새롭게 지정하는 P&D Stand의 이름을 나타내는 항목. "New" Button을 선택하면 새로운 P&D Stand를 추가할 수 있다.
- Bay: 현재 설정된 P&D Stand의 Bay번호를 나타내는 숫자.
- Tier: 현재 설정된 P&D Stand의 Tier번호를 나타내는 숫자.

현재 AS/RS 시스템에 정의된 Zone list를 보여주는 List이다. "New" Button을 누르면 새로운 Zone을 정의할 수 있고, "Edit"나 "Delete" Button을 이용하여 상세 Zone내용을 편집하거나 Zone을 삭제할 수 있다.

그림 6.3   AS/RS system에서 Zone을 설정하는 화면

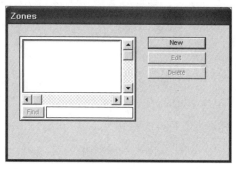

그림 6.4   AS/RS system에서 SRM 속성을 설정하는 화면

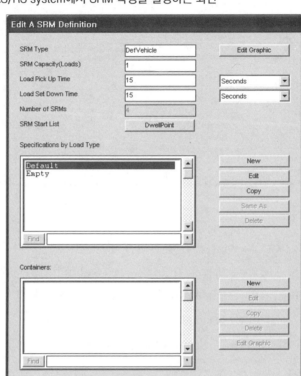

- SRM Type: 현재 설정중인 SRM의 명칭을 편집하는 항목. "Edit Graphic" Button은 Crane의 세부형태를 편집할 수 있는 기능을 제공하는 Button이다.
- SRM Capacity: SRM에 최대로 적치할 수 있는 Load 개수지정.
- Load Pick Up Time: 제품을 권상(들어올리는 작업)하는데 소요되는 시간을 설정하는 항목으로 시간단위는 Combo Box에서 지정할 수 있음.
- Load Set Down Time: 제품을 권하(내려놓는 작업)하는데 소요되는 시간을 설정하는 항목으로 시간단위는 Combo Box에서 지정할 수 있음.
- Number of SRMs: 기본적으로 통로수(Number of Aisles)와 동일하게 적용되므로, 사용자가 직접 편집하는 항목이 아니고 시스템에서 자동설정하는 항목이다. 즉, 각 통로마다 한 대씩의 SRM이 배치되도록 되어 있다.

- SRM Start List: 시뮬레이션이 시작하는 시점에 SRM의 초기위치를 설정하는 기능. Default로 설정되는 option은 "Random"으로 정의된 P&D Stand 중에서 임의로 선정하여 Crane의 초기위치를 선택하게 되고, Crane의 초기위치를 인위적으로 지정하기 위해서는 P&D Stands 중에서 SRM 대수만큼 선택하여 이를 Named List를 구성하여 지정하게 된다.
- Specification by Load Type: 편집 중인 SRM에 적치된 Load형태에 따라서 SRM의 운송정보를 구분하여 지정하기 위한 기능임. 기본적으로 주어진 항목은 "Default", "Empty" 등 두 가지 행태로 지정되고, 필요시에 Load type을 추가하여 항목을 편집할 수 있다.

3 ▲ P/D Stand 관리 방법

AS/RS 시스템은 Aisle 관리부분을 제외하면 거의 Bridge Crane 시스템과 거의 유사한 형태로 생각할 수 있다. 다음의 구현형태에서와 같이, 각각의 통로(Aisle)마다 SRM이 배치되고, SRM의 모양도 동일하게 적용된다. SRM은 Bridge Crane 시스템에서의 Crane의 움직임과 거의 동일하게 구성된다. 즉, AS/RS의 전면을 기준으로 통로를 따라서 Bay단위로는 Main SRM(주 SRM)의 움직임이 발생하고, 동시에 AS/RS의 바닥에서부터 단계적으로 정의되는 Tier단위로는 Auxiliary SRM(보조 SRM)이 움직이는 형태를 취하게 된다. 다음의 [그림 6.5]에서 AS/RS 전면에 표기된 "X" 마크는 AS/RS 시스템의 기준점이 되는 원점을 나타내는 위치이다.

앞서 설명된 바와 같이, Path Mover 시스템이나 Bridge Crane 시스템에서의 이송방법과 동일하게 "move into"와 "travel to"에 의한 방법을 통해서 AS/RS에서의 SRM(Storage and Retrieval Machine)을 구동하게 된다. 단, AS/RS 시스템의 경우는 동일한 위치 정보를 갖는 복수개의 통로로 구성되어 있기 때문에, 통로내의 위치정보 뒤에 통로위치 정보를 추가하게 된다. 즉, AS/RS의 pd1에서 pd2로 이동하는 경우를 가정하게 되면, 아래와 같은 형태의 code를 사용하게 된다.

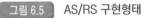

그림 6.5   AS/RS 구현형태

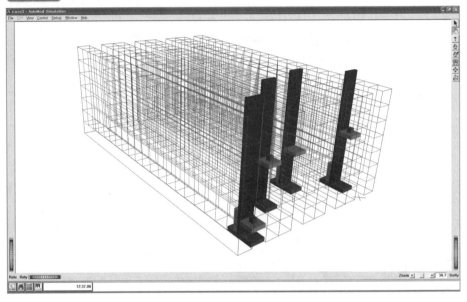

Begin ASRS_Transport arriving procedure
　move into ASRS:pd1(2)
　travel to ASRS:pd2(2)
End

　　위의 예제에서와 같이, pd1과 pd2의 정의는 AS/RS 시스템의 모든 통로에 공통으로 정의된 내용이다. 단, 괄호 안의 숫자에 따라서 어느 통로를 이용하는지가 설정되는 것이다.

Static System

CHAPTER 07

1 ▲ 기능개요

Static system은 좀 더 현실감 있는 시뮬레이션 모델을 구성하기 위하여 물류 시스템을 구성하는 각종 요소들의 형태를 시뮬레이션 모델 개발자가 구성하여 적용할 수 있도록 지원하는 시스템을 의미한다. 예를 들어, 물류센터에서 제품출고 전에 출고검사를 한다고 가정하면, 출고검사 작업자가 상당히 중요한 resource로 정의될 수 있다. 출고검사 작업자의 형상을 시뮬레이션 모델에 실제와 유사하게 표현하기 위해서는 해당하는 형상을 구성하는 기본 단위(Primitive)를 이용하여 형상을 구성하게 되는데, 이렇게 구성된 형상을 AutoMod®에서는 static system을 정의하여 적용한다.

2 ▲ 시스템 구현방법

다음의 [그림 7.1]에서와 같이, Static system은 크게 Graphic 이미지를 시뮬레이션 모델에 추가하는 "Read"기능, 시뮬레이션 모델로 추가된 이미지를 편집하는 "Edit Graphic"기능, 그리고 Graphic 이미지의 편집기능을 위한 선택기능에 해당하는 "Seclect"로 구성되어 있다. 이러한 static system은 단순히 시각적인 graphic 이미지를 시뮬레이션 모델에 추가하는 것 뿐만 아니라, 시뮬레이션에 포함되어야 하는 주요 작업기능 중에서 AutoMod®에서 제공하지 않을 경우에 이를 시뮬레이션 모델의 한 요소로 정의하고 구현하기 위해서 사용된다. 따라서, 이러한 static

그림 7.1 Static System 설정 화면

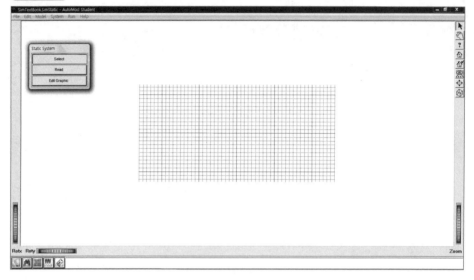

system의 운영을 위해서는 하나의 graphic image를 구성하는 방법에 대한 추가적인 학습 또한 필요하다. 이러한 graphic image를 생성하는 기능은 "ACE"라는 프로그램을 이용하여 추가적으로 진행할 수 있다. ACE 사용방법에 대해서는 본 교재에서 포함하지 않고, 대략적인 운영개념에 대해서만 설명하고자 한다.

AutoMod®에서 설정되는 모든 graphic 이미지는 몇 개의 graphic요소로 정의할 수 있도록 되어 있다. 이러한 graphic 요소를 흔히 "primitive"라고 부르고 있다. 즉, Box, Sphere, Cylinder 등의 기본요소를 조합하여 하나의 graphic이미지를 완성시켜나간다. 또한, 이러한 graphic 이미지는 단순히 시각적인 표현기능만이 아니라 필요에 따라서는 이러한 graphic요소에 동적인 움직임(Dynamic movement)을 정의하여 시뮬레이션 모델구성 시에도 이를 활용하여 모델을 구성할 수 있다. 예를 들어, 하나의 건물 내에서 운영되는 엘리베이터의 가동률을 검증하기 위해 엘리베이터를 graphic이미지로 구현할 필요가 있다고 가정하자. 일단, 시뮬레이션 모델개발자가 이를 운영하기 위해서는 다층을 움직이는 엘리베이터 형상을 정적인 형태(Static Shape)로 구성하고, 승객들의 탑승공간은 수직으로 움직이는 동적인 움직임(Dynamic movement)을 구성하여야 한다. ACE 프로그램에서는 사용자가 최종 구성대상이 되는 형상을 구성하는 단위 요소인 Primitive를 지정하여 위치좌표를 결합하여 구성하는 방법을 이용하고 있다.

CHAPTER
08

Report
Analysis

1 ▲ 기능개요

AutoMod®에서는 사용자가 구성한 각각의 시스템 단위별로 분석 report 기능을 제공하고 있다. 즉, 구성된 각 시스템의 형태에 따라서 다른 형태의 분석항목 기능을 default로 제시하고, 만약 시스템에서 제공하지 않는 분석항목에 대해서는 사용자가 앞서 설명된 table 기능을 활용하여 최대한 정량적으로 분석할 수 있다. 아래는 주요 시스템별로 분석되는 항목을 나타낸 내용이다.

2 ▲ 시스템별 주요 분석항목

다음은 주요 시스템별로 분석가능한 항목을 정리한 내용이다. AutoMod®를 실행한 후에, 해당하는 결과치를 조회하기 위해서는 다음의 화면과 같은 메뉴를 이용하게 된다. 다음의 [그림 8.1]에서와 같이, 시뮬레이션을 구동한 현재 시점까지의 분석결과는 "View"라는 메뉴를 선택하고, 이 중에서 "Reports" 또는 "Business Graphics" 기능을 주로 사용하게 된다. "Reports"에 해당하는 메뉴를 선택하게 되면 사용자가 시뮬레이션 모델내에서 구성한 모든 시스템들에 대한 List가 나타나고, 해당하는 시스템을 선택하면 각 시스템별로 세부 분석항목들이 추가적으로 나타나게 된다. 아래의 [그림 8.1]은 가상의 물류센터를 구성하고, 해당하는 모델내에 구성되어 있는 각 시스템별 report항목을 이용하여 AutoMod® report 분석기능을 설명하고자 한다.

그림 8.1 AutoMod® 실행화면에서의 Report 조회를 위한 메뉴항목

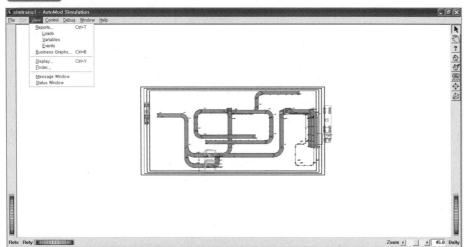

(1) Process System

Process system내에는 다양한 형태의 구성요소들이 포함되겠지만, Report 분석기능에서는 사용자가 시뮬레이션 모델을 구성하기 위해서 구성한 요소에 한해서만 분석 통계치가 도출된다. 예를 들어, 본 예제모델에서는 Resource형태로 정

그림 8.2   Process 시스템내에 포함된 주요 구성항목(Process system)

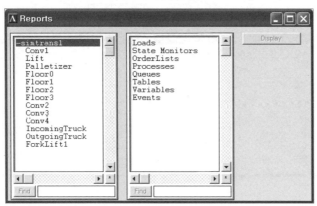

의된 요소가 포함되어 있지 않아서, 분석 report에서도 resource에 해당하는 항목
은 제외되어 있다.

앞서 [그림 8.2]에 나타나 있는 그림에서 왼쪽에 나열된 항목은 시뮬레이
션 모델을 구성하기 위해서 정의된 시스템 명칭이다. 오른쪽에 있는 항목은 왼쪽
에 있는 특정 시스템을 선택한 경우에 분석 가능한 세부 항목들의 리스트이다.
Process 시스템에 해당하는 항목은 별도로 나타나지 않고, 시뮬레이션 모델명을
선택하면 해당하는 분석항목들이 나타나게 된다.

아래에는 앞서 예제모델에 포함된 시스템에 해당하는 분석항목에 대해서 간
략히 알아보도록 하자. 설명되는 각 상세항목은 report 화면에서 나열되는 순서에
따라서 설명되어 있다.

1) Load

Load에 해당하는 report분석항목은 report를 생성하는 시점을 기준으로 시뮬
레이션 모델상에 포함되어 있는 모든 Load의 상태에 대한 세부정보를 나열해주는
기능을 수행한다. 일반적으로 시뮬레이션 모델내에서의 Load는 별도의 운영프로
세스가 정의되지 않은 경우에는 시뮬레이션 모델내에서 해당하는 정보가 완전히
사라지게 된다. 앞서 분석화면에서와 같이, Load에 해당하는 다음과 같은 항목을
제공해준다.

그림 8.3   Process 시스템내에서 Load정보에 해당하는 분석항목

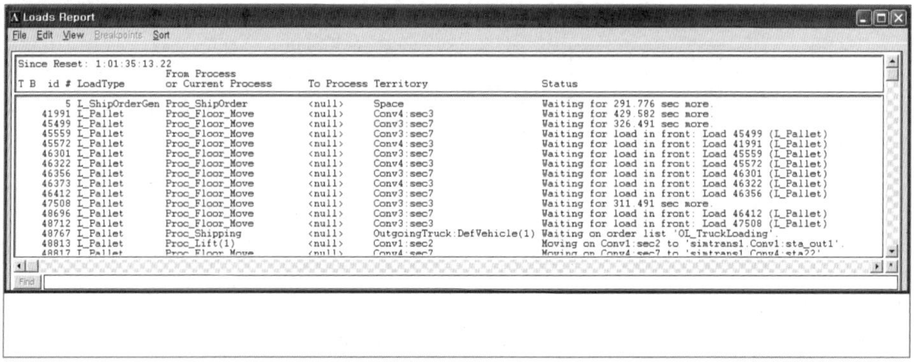

- Load id#: 각 Load에 부여되는 일련번호로써, 일련번호는 해당하는 Load 가 시뮬레이션 모델에서 사라지기 전까지는 변화하지 않는 고유번호이므로 시뮬레이션 모델을 debugging작업을 하는 경우에 유용하게 사용할 수 있다.

- Load Type: 시뮬레이션 모델에서는 필요에 따라서 하나의 Load가 여러 개의 Load type으로 표현될 수 있다. 해당하는 항목은 현재 시점에서 Load 가 갖는 형태(Type)를 나타낸 것이다.

- From Process(or Current Process): 해당하는 Load가 현재 진행 중에 있는 Process나 직전에 진행되었던 Process를 의미한다.

- To Process: 해당하는 현재의 Process를 마친 뒤에 수행할 다음 Process 명칭을 나타낸 것이다. 다음 Process가 정해지지 않은 경우는 "null"형태로 표현된다.

- Territory: 물리적으로 해당하는 Load가 위치한 공간(또는 영역)을 나타낸 것이다. 앞서 예제화면에서와 같이, 어떤 Load는 컨베이어 시스템의 section 위인 경우도 있고, Path Mover 시스템의 vehicle 위에 위치한 경우도 있다. 또한, "Space"로 나타난 경우는 시각적으로는 확인할 수 있는 시뮬레이션 모델상에 가상적으로 포함되어 있는 것을 의미한다.

- Status: 해당하는 Load의 현재 상태(Status)를 나타낸 것이다. 위의 예제화면에서와 같이, 어떠한 Load는 컨베이어 시스템상의 section 위에서 대기하고 있는 경우도 있고, 특정 조건에 의해서 어느 정도 시간이상을 대기하고 있는 경우도 있다.

2) State Monitors

앞서 설명된 바와 같이, State Monitors는 사용자의 필요에 따라서 states를 정의하고, 이에 대한 분석 통계치를 도출할 용도로 사용하고 있다. 위의 예제화면에서와 같이, Forklift의 운행상태에 따라서 Busy states와 Idle state를 설정하고, 이러한 state monitors의 변경결과에 따른 통계치를 위와 같이 제공해준 결과이다.

그림 8.4   Process 시스템내에서 State Monitors에 해당하는 분석항목

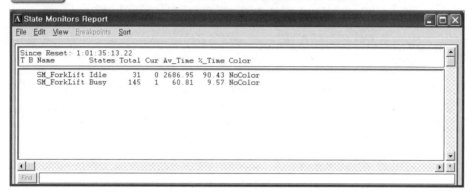

- Name: State Monitors를 정의한 명칭을 의미한다. 위의 예시화면에서는 Forklift의 state를 나타내는 monitor명칭으로 "SM_ForkLift"를 정의하였다.

- States: 하나의 State monitor에서는 사용자의 분석목적에 따라서 여러 개의 states를 정의할 수 있다. 위의 예제에서는 "SM_ForkLift"라는 하나의 State Monitors에 대해서 Idle 또는 Busy형태의 States를 정의하였고, 각각의 state에 대한 분석 통계치를 제시하고 있다.

- Total: 현재 시뮬레이션 실행기간 동안 해당하는 states로 변경된 총 횟수를 의미한다. 위의 예제 화면에서는 Idle state로는 총 31회, Busy state로는 총 145회의 state변경이 발생한 것을 의미한다.

- Cur: 현재 시점에서의 state monitors에 해당하는 값을 출력한 것이다. 위의 예제에서는 "SM_ForkLift"에 해당하는 state가 Busy상태임을 의미한다. 즉, 현재 시점에서 Forklift의 상태는 운행 중임을 나타내는 것으로 해석할 수 있다.

- Av_Time: 해당하는 state를 유지한 평균시간을 의미한다. 위의 예시에서와 같이, "SM_ForkLift"에 해당하는 state monitor에서 Idle 상태로 평균 2686.95초의 평균대기시간이 발생하였고, Busy 상태는 평균적으로 61초 가량으로 나타난 것을 의미한다.

- %_Time: 시뮬레이션 총 실행시간 내에서 각각의 state에 해당하는 시간

점유율을 의미한다. 앞서 예제에서와 같이, Forklift가 Idle상태로 있었던 경우는 총 시간 중에서 90.43% 정도에 해당하고, 나머지 9.57%는 Busy상태였음을 나타낸 것이다.

- Color: State monitor를 정의하고 해당하는 state를 설정하는 경우에 option으로 각각의 states에 따른 색상을 설정할 수 있다. 이때 설정된 각 state별 색상을 나타내는 것이다. 본 예제에서는 별도의 색상을 설정하지 않았으므로, No color로 나타난 것이다.

3) OrderLists

- Name: 사용자가 정의한 OrderList의 명칭을 나타낸다.
- Total: 해당하는 OrderList에 저장된 총 Load개수를 나타낸 것이다. 아래의 예제화면에서, "OL_Ship"이라는 OrderList에는 총 145개의 Load가 저장되었다는 것을 의미한다.
- Cur: 해당하는 OrderList내에 현재 저장되어 있는 Load의 개수를 나타낸 것이다. 위의 화면에서 "OL_Ship"이라는 OrderList는 총 145개의 Load가 저장되었으나, 현재는 저장된 Load가 없다는 것을 의미한다.
- Average: 해당하는 OrderList에 평균적으로 저장되어 있는 Load수를 의미한다. 아래의 예제화면에서 보는 바와 같이, "OL_Ship"에 해당하는 Order-

| 그림 8.5 | Process 시스템내에서 OrderList에 해당하는 분석항목 |

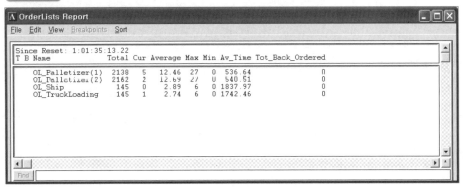

List에서는 평균적으로 2.89개의 Load가 저장된 실적을 나타낸 것으로 분석된 것이다.

- Max: 해당하는 OrderList에 가장 많은 Load가 저장되었을 시점에서의 Load개수를 의미한다. 예제화면에서와 같이, "OL_Ship"에는 최대 6개의 Load가 저장되었음을 의미한다.

- Min: 앞서의 경우와는 반대로 해당하는 OrderList에서 저장된 Load수가 가장 적었던 시점에서의 Load개수를 의미한다.

- Av_Time: Load가 OrderList에 저장되어서 나가기까지 OrderList에서 평균적으로 머물렀던 시간을 의미한다. 즉, 앞서의 예제화면에서 "OL_Ship"에서는 평균적으로 1837.97초의 대기시간이 발생했음을 의미한다.

- Tot_Back_Ordered: OrderList에서는 요청한 개수만큼의 Load가 현재의 OrderList에 존재하지 않을 경우에 두 가지의 option을 적용한다. 하나는 부족분만큼을 제외하고 현재 보유하고 있는 Load만을 요청하는 경우이고, 다른 한 가지는 부족분만큼이 추가적으로 확보되는 경우에 추가적으로 공급하는 경우이다. 후자에 해당하는 경우를 "Backorder"라고 부르게 된다. 이러한 형태로 추가 공급된 총 Load의 개수를 의미한다.

4) Processes

- Name: 사용자가 정의한 Process 명칭을 나타낸 것이다.

- Total: 해당하는 Process로 투입된 Load 개수를 의미한다. 다음의 예시화면을 기준으로 "Proc_Loading_Completed"에 해당하는 Process로는 총 24개의 Load가 투입된 것으로 의미한다.

- Cur: 해당하는 Process내에서 처리중인 Load의 수를 의미한다. 다음의 예시화면에서는 "Proc_Floor_Move"에 해당하는 Process는 총 158개의 Load가 투입되었으나, 현재는 13개의 Load가 해당하는 Process내에서 처리중이라는 것을 의미한다.

- Average: 해당하는 Process에서 처리중 또는 진행중인 평균 Load 개수를

| 그림 8.6 | Process 시스템내에서 Processes에 해당하는 분석항목 |

```
Λ Processes Report                                                        _ □ X
File  Edit  View  Breakpoints  Sort

Since Reset: 1:01:35:13.22
T B Name                    Total Cur Average Capacity Max Min  Util Av_Time Av_Wait
  die                           0   0    0.00 Infinite   0   0 0.000    0.00    0.00
  model_data                    1   0    0.00 Infinite   1   0 0.000    0.00    0.00
  model_parameters              1   0    0.00 Infinite   1   0 0.000    0.00    0.00
  model_status              46056   0    0.00 Infinite   1   0 0.000    0.00    0.00
  Proc_Floor_Move             158  13   10.24 Infinite  23   0 0.000 5971.24    0.00
  Proc_IncomingTruck           50   0    0.00 Infinite   1   0 0.000    0.00    0.00
  Proc_Item_Palletizer(1)    2138   5   12.50 Infinite  27   0 0.000  538.64    0.00
  Proc_Item_Palletizer(2)    2162   2   12.73 Infinite  27   0 0.000  542.51    0.00
  Proc_Lift(1)                 80   1    0.09 Infinite   1   0 0.000   99.16    0.00
  Proc_Lift(2)                 79   0    0.09 Infinite   1   0 0.000  109.75    0.00
  Proc_Loading_Completed       24   0    0.00 Infinite   1   0 0.000    0.00    0.00
  Proc_Ship_Out                 0   0    0.00 Infinite   0   0 0.000    0.00    0.00

Find
```

의미한다.

- Capacity: Process를 정의하는 단계에서 사용자가 설정한 Process의 처리 능력을 의미한다. 즉, Process capacity가 일정 숫자로 설정된 경우에는 이 숫자를 초과하여서는 해당하는 Process로 투입될 수 없다. 이때, 능력제약 으로 인해 투입되지 않은 Load는 Process capacity의 여유가 발생할 때까 지 대기하게 된다.

- Max: Process내에서 처리중이거나 진행중인 최대 Load수를 의미한다.

- Min: 위와는 반대로 Process내에서 처리중이거나 진행중인 최소 Load수를 의미한다.

- Util: 해당하는 Process의 기본 운영수준을 의미한다. 즉, Process의 처리능 력대비 처리실적을 기준으로 Process의 가용률을 산정한 것이다. 위의 예 시화면에서는 Process의 처리능력이 무한대(Infinite)로 설정되어 있어서, 가용률이 '0.0'으로 나타난 것이다.

- Av_Time: 해당하는 Process로 Load가 투입되어서 Process에 정의되어 있 는 모든 처리단계를 마치고 Process를 빠져나갈 때까지 머물렀던 시간을 나타낸 것이다. 위의 예시화면에서와 같이, "Proc_Floor_Move"에 해당하 는 process에서는 평균적으로 5971.24초만큼의 처리시간이 소요된 것으로 분석되었다.

■ Av_Wait: Process의 처리능력이 일정 숫자로 제한된 경우에는 앞서 설명
된 바와 같이, Process에 투입될 Load는 대기를 하게 된다. 이때, 대기한
평균시간을 나타낸 것이다. 앞서 예시화면에서는 Process 처리능력이 무한
대(Infinite)로 설정되어 있어서 별도의 대기시간(Waiting Time)은 발생하지
않았다.

5) Queues

■ Name: 사용자가 정의한 Queue명칭을 나타낸 것이다.
■ Total: 해당하는 Queue로 저장된 Load 개수를 의미한다. 아래의 예시화면
을 기준으로 "Q_TruckLoad"에 해당하는 Queue에는 총 10개의 Load가 저
장되었다.
■ Cur: 해당하는 Queue에 현재 저장중인 Load수를 의미한다. 아래의 예시
화면에서는 "Q_Palletizer(1)"에 해당하는 Queue에는 총 2138개의 Load가
저장되었고, 현재는 5개의 Load가 저장중인 것을 의미한다.
■ Average: 해당하는 Queue에 저장된 평균 Load 개수를 의미한다.
■ Capacity: Queue를 정의하는 단계에서 사용자가 설정한 Queue의 처리능
력을 의미한다. 즉, Queue capacity가 일정 숫자로 설정된 경우에는 이 숫
자를 초과하여서는 해당하는 Queue로 투입될 수 없다. 이때, 능력제약으

그림 8.7   Process 시스템내에서 Queue에 해당하는 분석항목

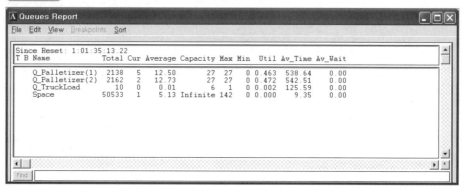

로 인해 투입되지 않은 Load는 Queue capacity의 여유가 발생할 때까지 대기하게 된다.

- Max: Queue내에 저장된 Load가 가장 많았을 시점의 Load수를 의미한다.
- Min: 앞서와는 반대로 Queue에 저장된 Load가 가장 적을 때의 Load수를 의미한다.
- Util: 해당하는 Queue의 기본 운영수준을 의미한다. 즉, Queue의 처리능력대비 처리실적을 기준으로 가용률을 산정한 것이다.
- Av_Time: 해당하는 Queue로 Load가 저장되어서 Queue를 빠져나갈 때까지 머물렀던 시간을 나타낸 것이다. 앞서 예시화면에서와 같이, "Q_TruckLoad"에서는 평균적으로 125.59초만큼의 저장시간이 소요된 것으로 분석되었다.
- Av_Wait: Queue의 처리능력이 일정 숫자로 제한된 경우에는 앞서 설명된 바와 같이, Queue에 저장될 Load는 대기를 하게 된다. 앞서의 예시화면에서는 Queue의 능력이 제한된 경우에는 대기시간이 발생한 것으로 나타나있다.

6) Tables

- Name: 사용자가 정의한 table의 명칭을 나타낸다.

그림 8.8　Process 시스템내에서 Table에 해당하는 분석항목

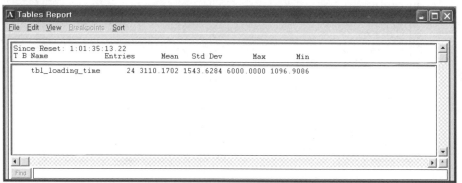

- Entries: 해당하는 table의 통계치로 저장된 데이터 개수를 의미한다. 앞서 예제에서는 'tbl_loading_time'이라는 table에 총 24개의 데이터가 기록되었다는 것을 나타낸 것이다.
- Mean: 해당하는 data의 평균치를 나타낸 것이다.
- Std. Dev: 해당하는 data들의 표준편차를 나타낸 것이다.
- Max: 기록된 데이터 중에서 그 값이 가장 큰 수치를 의미한다.
- Min: 기록된 데이터 중에서 그 값이 가장 작은 수치를 의미한다.

7) Variables

시뮬레이션 모델개발자가 정의한 각종 변수(Variable)에 대한 현재의 값을 출력하는 화면이다. 시뮬레이션 모델 개발단계에서의 디버깅 목적으로 활용하거나 시뮬레이션 모델실행 시에 결과분석 용도로 유용하게 활용할 수 있다.

그림 8.9   Process 시스템내에서 Variable에 해당하는 분석항목

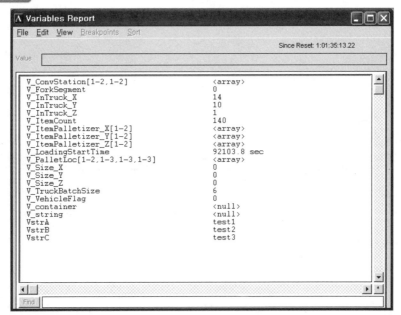

8) Events

시뮬레이션 모델개발 시에 디버깅 목적으로 활용할 수 있는 기능이다. 시뮬레이션 모델내에서 관리되고 있는 event list에 대한 정보를 제공하는 기능으로 현재 구동중인 시뮬레이션 모델의 future events에 대한 사전적인 정보를 이 기능을 통해서 얻을 수 있고, 시뮬레이션 모델에서 향후에 이루어질 events에 대한 확인을 할 수 있다.

그림 8.10 Process 시스템내에서 Events에 해당하는 분석항목

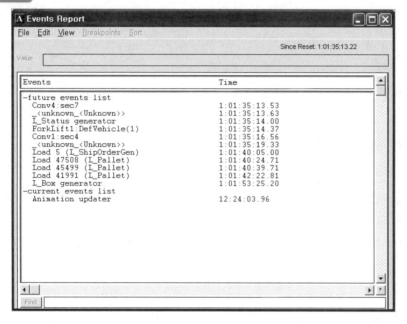

9) Counters

다음 그림에서와 같이, counters 기능에서 기본적으로 제공되는 기능은 이와 같이 정의할 수 있다.

- Name: 사용자가 정의한 counters의 명칭을 나타낸다.
- Total: 해당하는 counters를 사용한 load의 개수를 의미한다. 아래의 [그림

```
Counters Report
File  Edit  View  Breakpoints  Sort

Since Reset : 4:21:17.31
T B Name            Total Cur Average Capacity Max Min  Util Av_Time Av_Wait
   C_Buffer            10   4   1.16      4     4    0 0.290 1818.88    0.00
   C_Receive1(1)        0   0   0.00      4     0    0 0.000    0.00    0.00
   C_Receive1(2)       30   4   1.23      4     4    0 0.308  644.43   87.73
   C_Receive1(3)       42   4   0.28      4     4    0 0.069  103.24    9.64
   C_Receive2(1)       79   1   1.11      4     4    0 0.278  220.86   41.87
   C_Receive2(2)       38   4   0.99      4     4    0 0.247  408.30    0.13
   C_Receive2(3)       43   0   0.26      4     4    0 0.064   93.55    0.12
   C_Shipping1(1)      56   0   1.03      4     4    0 0.258  289.33   58.49
   C_Shipping1(2)      37   4   2.24      4     4    0 0.561  951.18 2331.15
   C_Shipping1(3)      45   4   2.06      4     4    0 0.516  718.49  501.54
   C_Shipping2(1)       0   0   0.00      4     0    0 0.000    0.00    0.00
   C_Shipping2(2)      49   4   1.88      4     4    0 0.471  602.75 1554.11
```

8.11]에서는 C_Shipping1(1)에 해당하는 counter를 사용한 load의 수는 총 56개임을 의미한다.

■ Cur: report가 생성되는 현재 시점에서 해당하는 counter를 사용하고 있는 load수를 의미한다.

■ Average: 전체 시뮬레이션 기간 동안 평균적으로 이용되고 있는 counters의 능력을 의미한다. 위의 예제에서는 C_Shipping1(1)에 해당하는 counters를 사용하는 load의 수는 평균적으로 1.03에 해당한다.

■ Capacity: 개발자가 설정한 counters의 능력을 의미한다.

■ Max: counters가 동시에 사용되는 최대 능력을 의미한다. 위의 예제에서는 C_Shipping1(1)는 정의된 능력만큼 최대한 사용되고 있다.

■ Min: counters가 동시에 사용되는 최소 능력을 의미한다.

■ Util: counter의 설정 능력대비해서 사용되는 가동률을 의미한다.

■ Av_Time: 임의의 load가 counter를 사용하는 시점(seize point)에서부터 사용이 완료되는 시점(release point)까지의 평균소요시간을 의미한다.

■ Av_Wait: counter를 사용하기 위해서 대기가 발생하는 경우에 평균대기시간을 의미한다.

다음의 [그림 8.12]는 counter의 상세정보를 제공하는 화면으로 [그림 8.11]에서 해당하는 counter를 double click하면 다음의 화면이 출력된다.

그림 8.12 Process 시스템내에서 counters에 해당하는 상세항목

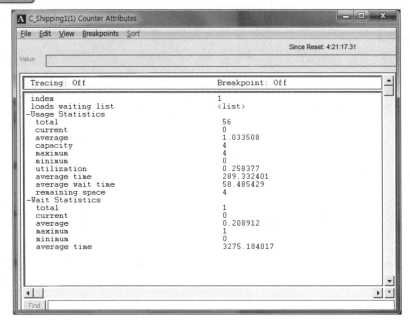

(2) Conveyor System

그림 8.13 AutoMod®실행화면에서의 Report 조회를 위한 메뉴항목(Conveyor system)

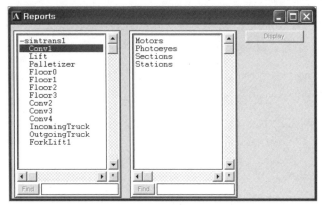

1) Motors

그림 8.14 Conveyor 시스템내에서 Motors에 해당하는 분석항목

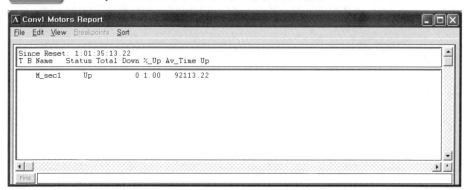

- Name: 컨베이어 시스템에서 사용자가 설정한 Motor의 명칭을 나타낸 것이다.
- Status: 통계치가 생성되는 시점에서 Motor의 현재 상태를 나타낸 것이다. 위의 예제에서는 "M_sec1"이라는 motor의 상태는 정상적으로 "up" 상태를 유지하고 있는 것을 나타낸 것이다.
- Total Down: 해당하는 Motor가 고장난 상태(down status)로 있었던 횟수를 나타낸 것이다.
- %_Up: 총 시뮬레이션 시간 중에서 Motor가 정상적인 상태(up status)를 유지하였던 시간의 비율을 나타낸 것이다.
- Av_Time Up: Motor의 status가 up상태에서 down 상태로 변화하는 기간을 하나의 주기로 설정할 경우에 그 평균주기를 의미한다. 즉, MTBF(Mean Time Between Failures) 를 나타낸 것이다.

2) Photoeyes

- Name: 사용자가 설정한 photoeye의 명칭을 나타낸 것이다.
- Status: 해당하는 photoeye의 현재 상태를 나타낸 것이다. "Blocked"의

그림 8.15 Conveyor 시스템내에서 Photoeyes에 해당하는 분석항목

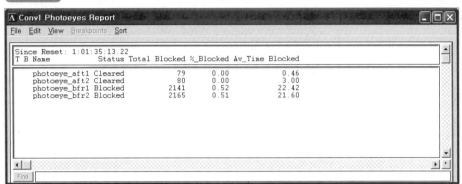

경우는 현재 photoeye상에 Load가 위치해 있는 경우를 나타낸 것이고, "Cleared"의 경우는 photoeye상에 Load가 위치해있지 않은 경우를 나타낸 것이다.

■ Total Blocked: 해당하는 Photoeye에 Blocking되었던 총 Load수를 의미한다.

■ %_Blocked: 해당하는 photoeye를 통행한 Load중에서 photoeye에서 blocking되었던 Load의 점유율을 나타낸 것이다.

■ Av_Time Blocked: Blocking이 발생된 경우에 해당하는 평균 Blocking 소요시간에 대한 통계치를 나타낸 것이다.

3) Sections

■ Name: 컨베이어 시스템에 해당하는 section의 명칭을 나타낸 것이다.

■ Total: 해당하는 section을 통과한 총 Load수에 대한 통계치이다.

■ Cur: 통계치를 산출하는 현재 시점에서 해당하는 section상에 놓여있는 load수를 의미한다.

■ Average: 해당하는 section에 놓여있는 평균 load수를 의미한다.

■ Capacity: 해당하는 section에 동시에 놓일 수 있는 load수를 의미한다. 다음의 예시에서는 해당하는 section의 처리능력이 무한대(Infinite)로 설정되

그림 8.16 Conveyor 시스템내에서 Sections에 해당하는 분석항목

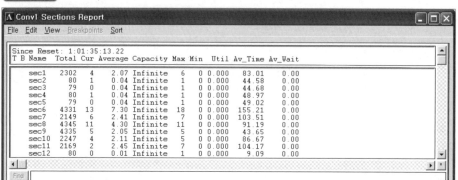

어 있어서, 별도의 제약은 존재하지 않는다. 이러한 처리능력은 section을 구성하는 단계에서 사용자가 설정할 수 있다.

- **Max**: 해당하는 section에 동시에 놓여있는 최대 Load수를 나타낸 것이다.

- **Min**: 해당하는 section에 동시에 놓여있는 최소 Load수를 나타낸 것이다.

- **Util**: 해당하는 section의 처리능력 대비 평균 load수를 의미한다. 본 예시 화면에서는 section의 처리능력이 infinite로 설정되어 있어서, 해당하는 통계치가 '0'으로 나타난 것이다.

- **Av_Time**: 하나의 Load가 해당하는 section에 도착해서 빠져나갈 때까지 소요된 시간을 의미한다. 즉, 통과시간을 나타내는 것으로 이해할 수 있다. 즉, 순수한 이동시간과 정체시간을 모두 포함하여 소요된 시간을 나타낸 것이다.

- **Av_Wait**: Section의 능력이 제한되어 있는 경우는 Load가 section에 진입되기 위해서는 여유능력이 생길 때까지 대기하여야 한다. 이때, 대기한 평균시간을 나타낸 것이다.

4) Stations

- **Name**: 컨베이어 시스템상에서 사용자가 설정한 station의 명칭을 의미한다.
- **Total**: 해당하는 station을 통과하거나 놓여 있는 총 load수를 의미한다.

그림 8.17 Conveyor 시스템내에서 Stations에 해당하는 분석항목

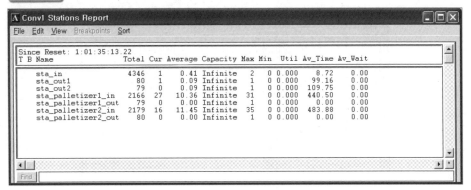

- Cur: 해당하는 station에 현재 놓여있는 load수를 나타낸 것이다.
- Average: 해당 station에 놓여있는 평균 load수를 나타낸 것이다.
- Capacity: 해당 station에 동시에 위치할 수 있는 최대 능력을 의미한다.
- Max: 해당 station에 놓인 최대 load수를 의미한다.
- Min: 해당 station에 놓인 최소 load수를 의미한다.
- Util: 해당 station의 처리능력 대비 평균 load수를 의미한다.
- Av_Time: 해당하는 station에 놓여있는 평균시간을 의미한다.
- Av_Wait: 해당하는 station으로 진입하기 위해서 대기한 시간을 의미한다.

(3) Path Mover System

1) Control Points

- Name: 사용자가 지정한 control point의 명칭을 의미한다.
- Total: 해당하는 control point를 통과했거나 위치해있는 총 claim[1]수를 의미한다.
- Cur: 현재 시점에서 해당하는 control point상에 놓여있는 claim수를 의미

---

1   Claim은 Path Mover 시스템상에서 control point를 사용하기 위한 요청이라고 이해할 수 있다. 즉, Path Mover 시스템상에서의 기본운영단위는 vehicle형태로 구성되어 있고 이러한 vehicle에 의해서 제품이 이송되게 된다. 따라서, vehicle의 움직임을 요청하는 행위를 claim으로 이해할 수 있겠다.

그림 8.18   AutoMod®실행화면에서의 Report 조회를 위한 메뉴항목(Path Mover System)

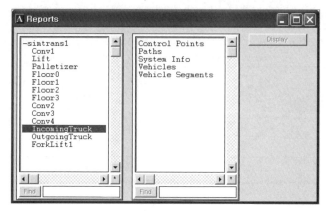

한다.

■ Average: 전체 시뮬레이션 시간구간 내에서 해당하는 control point에 놓여있는 평균 claim수를 의미한다.

■ Capacity: 사용자가 설정한 control point의 처리능력을 나타낸 것이다.

■ Max: 해당하는 control point에 동시에 놓인 최대 claim수를 의미한다.

■ Min: 해당하는 control point에 동시에 놓인 최소 claim수를 의미한다.

■ Util: Control point의 처리능력대비 평균 claim수를 나타낸 control point의 가동률을 나타낸 것이다.

그림 8.19   Path Mover 시스템내에서 Control Points에 해당하는 분석항목

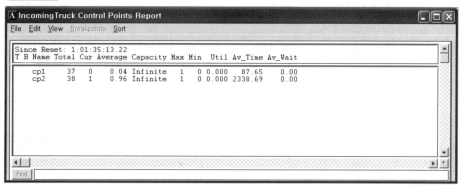

- Av_Time: 해당하는 control point에 claim이 도착하여 이 control point를 벗어나기까지의 평균대기시간을 의미한다.
- Av_Wait: 해당하는 control point의 적치능력이 부족할 경우는 여유 능력이 생길 때까지 claim은 대기하게 되는데, 이때 발생한 대기시간의 평균치를 나타낸 것이다.

2) Paths

- Name: Path Mover 시스템에서 사용자가 설정한 path의 명칭을 나타낸 것이다.
- Total: 해당하는 path를 통과하거나 path상에 놓여있는 총 claim의 수를 의미한다.
- Cur: 해당하는 path상에 현재 놓여있는 claim수를 의미한다.
- Average: 해당하는 path상에 놓여있는 평균 claim수를 의미한다.
- Capacity: 해당하는 path에서 동시에 처리할 수 있는 claim수를 나타낸 것이다.
- Max: 해당하는 path에 놓여있는 최대 claim수를 의미한다.
- Min: 해당하는 path에 놓여있는 최소 claim수를 의미한다.
- Util: 해당하는 path의 처리능력 대비 평균 claim수를 나타낸 것이다.

그림 8.20 Path Mover 시스템내에서 Paths에 해당하는 분석항목

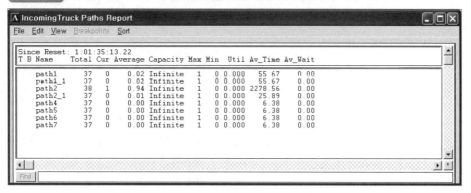

■ Av_Time: 하나의 claim이 해당하는 path에 진입하여 빠져나가기까지 소요된 평균시간을 의미한다.

■ Av_Wait: Path의 능력이 제한된 경우에 해당하는 path에 진입하기 위해서 대기한 평균시간을 의미한다.

3) System Info

그림 8.21　Path Mover 시스템내에서 System Info에 해당하는 분석항목

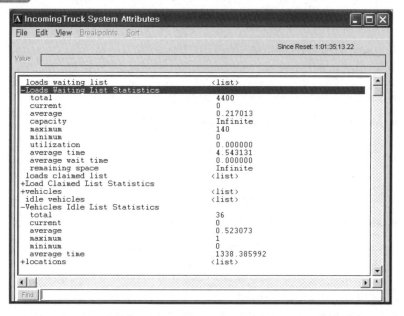

4) Vehicles

■ Vehicle: Path Mover 시스템에서 사용자가 설정한 vehicle의 명칭을 의미한다. 다음의 예시화면에서는 vehicle의 명칭이 'DefVehicle'로 설정되어 있고, 시스템내에서의 vehicle수는 한 대임을 나타낸 것이다. 동일한 vehicle명칭으로 여러 대의 vehicle을 정의한 경우는 vehicle 명칭다음에 괄호 안에 해당하는 vehicle의 호기번호가 부여된다.

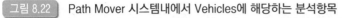

그림 8.22 Path Mover 시스템내에서 Vehicles에 해당하는 분석항목

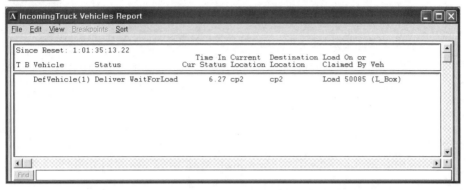

- Status: 해당하는 vehicle의 현재 상태를 나타낸 것이다. 다음의 예시에서와 같이 해당하는 vehicle은 제품을 이송하는 "Deliver"작업을 진행하기 위해서 제품을 상차하기 위한 작업대기(Wait for Load) 상태임을 의미한다.

- Time In Cur Status: 해당하는 vehicle이 현재의 status를 진행 중인 소요시간을 나타낸 것이다. 위의 예시에서는 해당하는 vehicle이 현재의 status를 6.27초 동안 진행하고 있다는 것을 의미한다.

- Current Location: 해당하는 vehicle의 현재 위치를 나타낸 것이다. 위의 예시에서와 같이, 현재 이 vehicle은 'cp2'라는 control point에 위치해 있다는 것을 의미한다.

- Destination Location: 해당하는 vehicle이 이동중이라면 그 목적지의 control point를 나타낸 것이다.

- Load on or Claimed By Veh: 현재 해당하는 vehicle을 사용하기 위해서 claim 한 load에 대한 정보를 나타낸 것이다. 위의 예시에서는 Load id #가 Load 50085번에 해당하는 Load가 DefVehicle(1)을 사용하기 위해 claim한 상태를 나타낸 것이다.

5) Vehicle Segments

■ Vehicle Segment: Vehicle자체에 대한 정보 외에도 이 report에서는 Vehicle을 구성하는 segement에 대한 정보를 제공해준다. 다음의 예시에서와 같이, 'IncomingTruck:DefSegment(1)'의 의미는 설정된 path Mover 시스템의 명칭은 'IncomingTruck'이고, 해당하는 segment명칭은 'DefSegment'임을 의미한다.

■ Vehicle: 이러한 segment가 연결되어 있는 vehicle의 명칭을 의미한다. 이 vehicle의 정보는 앞서 설명된 Vehicle statistics를 연계하여 활용할 수 있다.

■ Index: 여러 개의 segment 중에서 해당하는 segment를 나타내는 index를 의미한다.

■ Loads on Board: 해당하는 segment를 통해서 현재 실려있는 Load수를 나타낸 것이다. 위의 예시에서는 총 55개의 Load가 설정된 DefVehicle의 DefSegment에 실려있다는 것을 의미한다.

그림 8.23 Path Mover 시스템내에서 Vehicle Segmens에 해당하는 분석항목

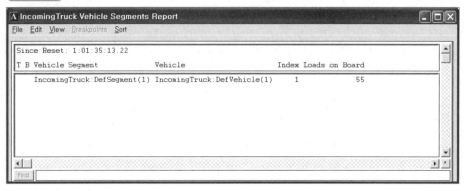

(4) Kinematic System

그림 8.24 AutoMod® 실행화면에서의 Report 조회를 위한 메뉴항목(Kinematic System)

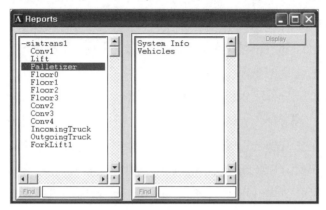

1) System Info

그림 8.25 Kinematic 시스템내에서 System Info에 해당하는 분석항목

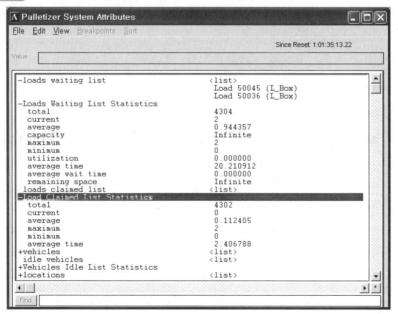

2) Vehicles

- Vehicle: Kinematic시스템에서 사용자가 설정한 vehicle의 명칭을 의미한다. 아래의 예시화면에서는 vehicle의 명칭이 'Palletizer'로 설정되어 있고, 시스템내에서의 vehicle수는 2대임을 나타낸 것이다. 동일한 vehicle명칭으로 여러 대의 vehicle을 정의한 경우는 vehicle 명칭다음에 괄호 안에 해당하는 vehicle의 호기번호가 부여된다.

- Status: 해당하는 vehicle의 현재 상태를 나타낸 것이다. 아래의 예시에서와 같이 해당하는 vehicle은 제품을 이송하는 "Deliver"작업을 진행하고 있다는 것을 나타내고 있다.

- Time In Cur Status: 해당하는 vehicle이 현재의 status를 진행중인 소요시간을 나타낸 것이다. 아래의 예시에서는 해당하는 2대의 vehicle 중에서 1호기는 현재의 status를 9.99초 동안 진행하고 있다는 것을 의미한다.

- Current Location: 해당하는 vehicle의 현재 위치를 나타낸 것이다. 아래의 예시에서와 같이, 현재 1호기에 해당하는 vehicle은 'sta231'이라는 control point에 위치해 있다는 것을 의미한다.

- Destination Location: 해당하는 vehicle이 이동중이라면 그 목적지의 control point를 나타낸 것이다.

- Load on or Claimed By Veh: 현재 해당하는 vehicle을 사용하기 위해서

그림 8.26   Kinematic 시스템내에서 Vehicles에 해당하는 분석항목

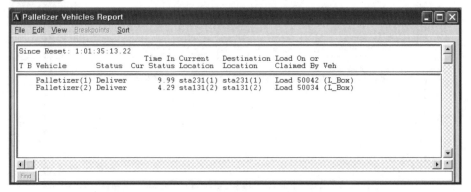

claim한 load에 대한 정보를 나타낸 것이다. 앞서의 예시에서는 Load id # 가 Load 50042번에 해당하는 Load가 Palletizer(1)을 사용하기 위해 claim 한 상태를 나타낸 것이다.

3

AutoMod® 구현예제

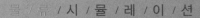

물 / 류 / 시 / 뮬 / 레 / 이 / 션

서비스 센터 운영부하 분석

CHAPTER 01

본 장에서는 가상의 서비스 센터를 구성하고 해당하는 서비스 센터의 운영부
하수준을 시뮬레이션을 통해서 분석하는 예제를 다루어보고자 한다.

다음의 [그림 1.1] 에서와 같이, 서비스 센터를 방문한 고객은 오른쪽 하단에 있는
가상의 출입구를 통해서 들어오게 된다. 또한, 서비스를 받기 전에 2단계의 대기
과정을 통해서 자신의 서비스 시간을 기다리게 된다. 서비스 센터에서 근무를 하
는 직원은 총 4명인 것으로 가정하였고, 각 직원은 일정주기로 휴식시간을 갖게
된다. 따라서, 서비스 센터에 도착한 고객은 현재 가용한 서비스 센터 직원으로부
터 random하게 서비스를 받게 된다. 즉, 서비스 센터의 직원은 현재 진행중인 서
비스 대응업무가 완료되는 대로 대기중인 고객을 대응하게 된다.

1 Simulation 모델 구축절차 및 구성내용

Step 1) 서비스 센터내에서의 고객의 동선구조를 Drawing

본 시뮬레이션 모델에서는 서비스 센터 내에서 이루어지는 고객의 모든 동선을
conveyor system으로 가정하여 구성해보았다. 즉, 서비스 센터 내에서의 고객의
모든 움직임은 conveyor system의 section을 통해서 다음의 [그림 1.1]과 같이 표
현되어 있다. 즉, 오른쪽 하단에서부터 고객이 입장하여 해당하는 서비스 센터 직
원으로부터 원하는 서비스를 받게 되고, 이후에 해당하는 Lane을 통해서 퇴장하는
형태의 운영방식을 가정하였다.

Step 2) 서비스 센터내에서 고객의 대기위치를 표현하는 Queue를 Drawing

본 시뮬레이션 모델에서는 3종류의 Queue를 설정하여 서비스 센터 방문고객의 움직임을 구성해보았다. 먼저, 서비스 센터에 입장하는 고객은 "Q_Enter"에 해당하는 Queue에서 대기하게 되고, 이후에 "Q_Wait"로 정의된 Queue에서 대기하게 된다. 고객대기 공간이 제한되어 있어서, 고객서비스 센터에 입장을 하더라도 고객대기 공간의 여유가 없을 경우에는 반드시 "Q_Enter"에 해당하는 Queue에서 우선적으로 대기를 하여야 한다. 이후에 4명의 서비스 센터의 직원 중에서 서비스 가능한 직원에 해당하는 위치를 이동하여 "Q_Teller"에 해당하는 Queue에서 실제 서비스를 받게 된다. 본 시뮬레이션 예제에서는 Counter 기능을 이용하여 각 단계별로 고객의 동선을 통제하는 방법을 적용해 보았다.

Step 3) 서비스 센터 직원의 운영방법을 구성

고객이 원하는 서비스 유형에 관계없이 평균적으로 고객서비스 소요시간은 5분으로 설정하여 적용하였다.

Step 4) 시뮬레이션 모델 구축 및 결과분석

그림 1.1   서비스 센터 운영 Layout 형태

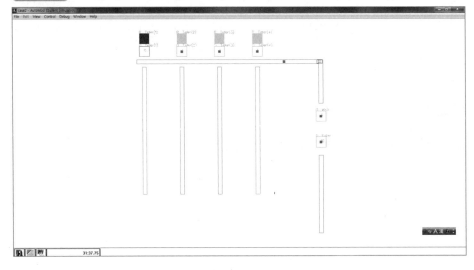

2 ▲ AutoMod® Source Code 구성내용

(1) 시뮬레이션 모델내 시스템 구성체계

본 시뮬레이션 모델에서는 Process system만을 이용하여 모델을 구성하였으므로, 추가적으로 정의되는 system은 사용하지 않는다. 본 예제에서는 서비스 센터 내에서의 고객의 동선을 통제하는 방법으로 "Counter" 기능과 "Block" 기능을 활용하였다. 앞서 설명된 바와 같이, Counter기능은 사전 정의된 Counter Capacity를 초과하는 수요가 발생할 경우에는 여유 Capacity가 확보될 때까지 대기(Wait)하는 현상이 발생한다. 이러한 대기현상을 분석하여 서비스 제공능력의 적정성을 평가하는 방법으로 활용할 수 있겠다(단, Conveyor 시스템에 해당하는 Section명은 임의로 작성해도 무방하고, station명은 source code를 활용하여 해당하는 station명을 설정하는 작업이 필요하다.).

(2) Process 시스템 구성요소

1) Load 정의

표 1.1   Load 정의 일람표

Load type	Load 용도	Load 생성방법
L_Customer	서비스 센터를 방문하는 고객을 나타내는 Load	• 1분 간격으로 고객이 도착하는 것으로 설정 • First Process: Proc_Customer_Enter

2) Variable 정의

표 1.2   Variable 정의 일람표

Variable명	Variable Type	Dimension	용도
V_Fcreport	FilePtr	1	시뮬레이션 모델 수행결과를 텍스트 파일 형태로 출력하기 위한 용도로 사용

3) Queue 정의

표 1.3 Queue 정의 일람표

Queue명	Dimension	Capacity	용도
Q_Enter	1	Infinite	서비스 센터를 방문하는 고객의 센터입장 위치를 나타내는 대기 장소
Q_Wait	1	Infinite	서비스를 받기 위한 대기공간을 나타내는 위치
Q_Teller	4	1	서비스 직원별로 해당하는 서비스 제공 공간을 나타내는 공간

4) Load Attribute 정의

표 1.4 Load attribute 정의 일람표

Load Attribute명	Attribute Type	Dimension	용도
attr_desk_no	Integer	1	서비스 desk 번호를 나타내는 integer형태의 Load attribute
A_counterptr	CounterPtr	1	서비스를 받게 되는 서비스 센터 직원을 나타내는 Counter Pointe를 나타내는 Load attribute
attr_entry_time	Time	1	서비스 센터에 입장한 시각을 의미하는 Time 형태의 Load attribute
attr_exit_time	Time	1	서비스 완료 후에 서비스 센터를 떠나는 시각을 의미하는 Time형태의 Load attribute

5) Process 정의

표 1.5 Process 정의 일람표

Process명	Dimension	용도
Proc_Customer_Enter	1	서비스 센터를 방문하여 서비스를 받기 전까지의 움직임을 통제하는 Process
Proc_Service	4	해당하는 서비스 센터 직원으로부터의 서비스를 받는 과정에서부터 서비스 완료 후 퇴장하는 과정을 나타내는 Process

6) Resource 정의

표 1.6   Resource 정의 일람표

Resource명	Dimension	Capacity	용도
R_Teller	4	1	서비스 센터 직원을 나타내는 Resource

7) Block 정의

표 1.7   Block 정의 일람표

Block명	Dimension	Capacity	용도
B_ServiceArea	1	3	서비스 이후에 퇴장하는 고객의 혼잡을 통제하기 위한 Block

8) Counter 정의

표 1.8   Counter 정의 일람표

Counter명	Dimension	Capacity	용도
Cnt_Service	1	6	서비스중인 고객+서비스를 위해 이동중인 고객의 총인원을 6명으로 제한하기 위한 Counter
Cnt_Teller	4	1	각 지원별로 동시에 서비스를 진행할 수 있는 고객수를 1명으로 제한하기 위한 Counter로 활용
Cnt_Wait	1	5	서비스 대기중인 고객을 최대 5명으로만 제한하기 위한 Counter로 활용

9) Table 정의

표 1.9   Table 정의 일람표

Table명	Dimension	용도
Tbl_Residence	1	서비스 센터를 방문하는 고객들의 서비스 센터 방문에서 서비스 완료까지 소요된 시간을 집계하기 위한 Table
Tbl_ResidenceTeller	4	서비스를 받은 고객을 해당하는 서비스 센터 직원별로 구분하여 서비스 센터 방문에서 완료까지 소요된 시간을 집계하기 위한 Table

3 AutoMod® Source Code

```
/*================================================================*/
```

Begin model initialization function

```
/*================================================================*/
```

    open "arc/custreport.txt" for writing save result as V_Fcreport
    return true
End


```
/*================================================================*/
```

Begin Proc_Customer_Enter arriving procedure

```
/*================================================================*/
```

    move into Conv:sta_enter1
    travel to Conv:sta_enter2
    set this load attr_entry_time to ac
    move into Q_Enter
    inc Cnt_Wait by 1
    move into Q_Wait

     choose a counter among Cnt_Teller(1), Cnt_Teller(2), Cnt_Teller(3), Cnt_
    Teller(4) whose total loads is minimum save as A_counterptr

    set this load attr_desk_no to A_counterptr index
    inc Cnt_Teller(attr_desk_no) by 1
    move into Conv:sta_wait
    dec Cnt_Wait by 1
    inc Cnt_Service by 1
    send to Proc_Service(this load attr_desk_no)
End

```
/*================================================================*/
Begin Proc_Service arriving procedure
/*================================================================*/
    travel to Conv:sta_teller(procindex)
    move into Q_Teller(procindex)
    use R_Teller(procindex) for 5 min
    dec Cnt_Teller(attr_desk_no) by 1
    move into Conv:sta_out(procindex)
    dec Cnt_Service by 1
    travel to Conv:sta_exit(procindex)
    set this load attr_exit_time to ac
    tabulate (attr_exit_time-attr_entry_time) in  Tbl_ResidenceTeller(procindex)
    tabulate (attr_exit_time-attr_entry_time) in  Tbl_Residence
    print procindex as 4.0 "\t" (attr_exit_time-attr_entry_time) as  7.2 to V_Fcreport
End
```

4　시뮬레이션 실행 결과

　　위에서 서술된 방법으로 구성된 시뮬레이션 모델을 24시간 동안의 실행시간을 가정하여 구동한 결과 중에서 Counter에 해당하는 report가 다음의 [그림 1.2]와 같이 도출되었다.

　　위의 실행예제를 통해서 알 수 있는 분석내용은 다음과 같은 항목으로 정리될 수 있다.

　　4명의 서비스 센터 직원 중에서 가잔 높은 수준의 업무부하를 나타낸 직원은 Teller-1에 해당하는 직원으로 평균 96% 수준의 가동률을 보이고 있다. 이러한 현상은 고객의 대기장소로부터 가장 먼 위치에 해당하는 직원이 Teller-1이고, 서비스 직원의 가동률을 산정하는 기준이 실제적인 서비스를 진행하는 시간이 아니라, 고객의 대기장소에서 출발하는 시점을 기준으로 설정된 구현내용에 기인한 것이

| 그림 1.2 | 시뮬레이션 실행결과의 Counter Report |

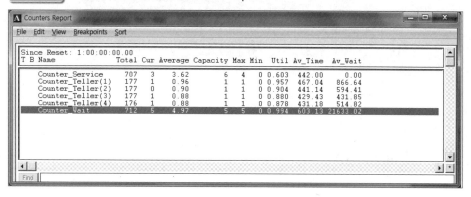

```
Λ  Counters Report                                                    _  □  x

File  Edit  View  Breakpoints  Sort

Since Reset : 1:00:00:00.00
T B Name              Total Cur Average Capacity Max Min  Util Av_Time   Av_Wait
    Counter_Service     707   3   3.62       6    4   0 0.603  442.00      0.00
    Counter_Teller(1)   177   1   0.96       1    1   0 0.957  467.04    866.64
    Counter_Teller(2)   177   0   0.90       1    1   0 0.904  441.14    594.41
    Counter_Teller(3)   177   1   0.88       1    1   0 0.880  429.43    431.85
    Counter_Teller(4)   176   1   0.88       1    1   0 0.878  431.18    514.82
    Counter_Wait        712   5   4.97       5    5   0 0.994  603.13 21633.02


Find
```

다. 즉, 고객의 대기장소에서 해당하는 직원의 근무위치까지 이동하는 시간 또한
가동률에 반영되었기 때문이다.

　서비스 센터 직원이 바쁜 경우에는 고객들은 대기를 하게 되는데, 평균대기
시간은 위의 report화면에서 "Av_Wait"에 해당하는 결과치를 통해서 분석할 수 있
다. 위의 분석결과를 기준으로는 Teller-1에 해당하는 직원의 서비스를 받기 위해
서 평균 866초 정도의 고객대기시간이 발생하고 있는 것을 알 수 있다.

물류센터내 제품 저장 작업 부하 분석

1 ▲ Simulation 모델 구축절차 및 구성내용

본 예제에서는 Rack형태의 저장시설과 Forklift를 이용한 제품 저장/불출 작업을 진행하는 물류센터의 일부 공간만을 표현하였다. 제품 저장/불출 작업을 위한 기본적인 모듈에 대한 구현사례를 학습하기 위한 용도로서 1) Forklift 구동방법, 2) 제품저장 위치 관리 방법을 중심으로 학습하게 된다. 따라서, 본 예제는 다음의 절차대로 예제 모형을 구현할 수 있겠다.

Step 1) 물류센터 및 Rack type의 저장공간에 대한 표현
Step 2) 제품의 저장공간에 해당하는 Queue를 표현
Step 3) 제품의 저장위치에 따른 Forklift 운행위치 설정방법
Step 4) 시뮬레이션 모델 구축 및 결과분석

다음은 각 단계별로 세부적인 시뮬레이션 모델 구축절차를 상세하게 기술한 내용이다.

Step 1) 물류센터 및 Rack type의 저장공간에 대한 표현

다음의 [그림 2.1]에서와 같이 물류센터의 물리적인 공간을 표현하기 위해서 바닥과 옆면에 해당하는 벽체를 Static 기능을 이용하여 설정하고, 저장공간은 2단 Rack을 가상적으로 고려하였다. 제품을 저장할 수 있는 공간은 총 14개(7열*2단)로 구성되어 있으나, 본 시뮬레이션에서는 1단에 해당하는 저장공간에만 Queue를 배

열하여 간략하게 시뮬레이션 모델을 구성하였다. 따라서, 본 예제의 구성목적은 복수개의 저장공간과 작업위치가 존재할 경우에 이를 간략하게 표현하는 방법으로써 변수(Variable)를 활용하는 예제로 구성하였다. Rack에 해당하는 구조물도 Static 기능을 활용하여 시뮬레이션 모델에 추가하는 형태로 작업을 진행하게 된다.

Step 2) 제품의 저장공간에 해당하는 Queue를 표현

저장공간에 해당하는 구조물은 Static System을 이용하여 표현하게 되고, 실제로 제품이 놓이게 되는 공간은 각 Rack에 해당하는 저장위치에 7개의 Queue를 가상적으로 설정하여 배열하는 방법으로 진행하였다.

Step 3) 제품의 저장위치에 따른 Forklift 운행위치 설정방법

또한, Rack에 해당하는 각 저장공간에 대해서는 Forklift가 해당하는 위치까지 이동하는 작업형태를 구현하기 위하여 Path mover system을 이용하여 7개의 control point를 정의하고, 이를 변수형태로 설정하여 모델구성을 간략하게 진행할 수 있도록 하였다.

Step 4) 저장위치 검색을 위한 함수 구현

본 시뮬레이션 예제에서는 여러 개의 저장위치 중에서 선정된 저장공간에 따라서 제품의 저장이나 forklift의 이동목적지가 결정되게 된다. 따라서, 저장공간과 이동위치가 정확하게 mapping되기 위해서는 이러한 정보를 공유할 수 있는 정보가 필요하다. 따라서, 선택된 저장위치에 해당하는 일련번호를 검색하는 "Find_Location"이라는 함수를 구현하였다. 함수는 사전에 정의된 함수 parameter를 입력받아서 이에 해당하는 정보를 설정하여 그 결과값으로 전달하는 기능을 수행하게 된다. 본 예제에서 구성된 예제에서는 Queue pointer에 해당하는 정보를 입력받아서 그에 해당하는 일련번호를 사전 정의된 변수정보를 검색하여 전달하는 기능을 수행하게 된다. 따라서, 모든 시뮬레이션 모델의 실행은 함수를 통해서 전달된 위치의 일련번호를 활용하여 진행되게 된다.

시뮬레이션 대상 시스템의 구성 형태

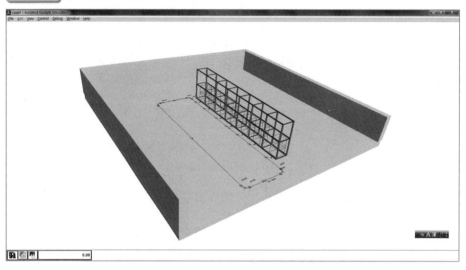

2 ▲ AutoMod® Source Code 구성내용

(1) 시뮬레이션 모델내 시스템 구성체계

본 시뮬레이션 모델에서는 Process system만을 이용하여 모델을 구성하였으므로, 추가적으로 정의되는 system은 사용하지 않는다.

(2) Process 시스템 구성요소

1) Load 정의

표 2.1   Load 정의 일람표

Load type	Load 용도	Load 생성방법
Load1	저장될 제품을 나타내는 Load	• 5초의 등간격으로 총 100개의 제품을 생성 • First Process: Proc_Load

2) Variable 정의

표 2.2 Variable 정의 일람표

Variable명	Variable Type	Dimension	용도
V_Q_Loc	Location	7	7개의 저장공간에 해당하는 Forklift의 작업위치 정보를 저장하는 변수
V_Q_Rack	QueuePtr	7	7개의 저장공간을 나타내는 Queue 정보를 저장하는 변수
V_bool_find	Integer	1	Function형태로 정의된 Find_Location에서 위치검색 성공여부를 나타내는 flag으로 사용할 integer 변수
V_rack_no	Integer	1	"Find_Location" 함수에서 검색대상 저장위치의 일련번호를 나타내는 변수

3) Queue 정의

표 2.3 Queue 정의 일람표

Queue명	Dimension	Capacity	용도
Q_Rack1	1	Infinite	Rack-1에 해당하는 저장위치를 의미하는 Queue
Q_Rack2	1	Infinite	Rack-2에 해당하는 저장위치를 의미하는 Queue
Q_Rack3	1	Infinite	Rack-3에 해당하는 저장위치를 의미하는 Queue
Q_Rack4	1	Infinite	Rack-4에 해당하는 저장위치를 의미하는 Queue
Q_Rack5	1	Infinite	Rack-5에 해당하는 저장위치를 의미하는 Queue
Q_Rack6	1	Infinite	Rack-6에 해당하는 저장위치를 의미하는 Queue
Q_Rack7	1	Infinite	Rack-7에 해당하는 저장위치를 의미하는 Queue

4) Process 정의

표 2.4 Process 정의 일람표

Process명	Dimension	용도
Proc_Load	1	가상적으로 입고된 제품을 해당하는 저장위치로 이송하여 저장하는 기능을 처리하는 process

5) Function 정의

표 2.5   Function 정의 일람표

Function명	Type	Parameter	용도
Find_Location	Integer	QueuePtr	검색된 Queue정보에 해당하는 일련번호를 검색하여 제공하는 함수

3 ▲ AutoMod® Source Code

```
/*============================================================*/

Begin model initialization function
/*============================================================*/

    set V_Q_Rack(1) to "Q_Rack1"
    set V_Q_Rack(2) to "Q_Rack2"
    set V_Q_Rack(3) to "Q_Rack3"
    set V_Q_Rack(4) to "Q_Rack4"
    set V_Q_Rack(5) to "Q_Rack5"
    set V_Q_Rack(6) to "Q_Rack6"
    set V_Q_Rack(7) to "Q_Rack7"
    set V_Q_Loc(1) to "Lift:cp1"
    set V_Q_Loc(2) to "Lift:cp2"
    set V_Q_Loc(3) to "Lift:cp3"
    set V_Q_Loc(4) to "Lift:cp4"
    set V_Q_Loc(5) to "Lift:cp5"
    set V_Q_Loc(6) to "Lift:cp6"
    set V_Q_Loc(7) to "Lift:cp7"
    return true
End
```

```
/*=============================================================*/
Begin Proc_Load arriving procedure
/*=============================================================*/
choose a queue V_Q_Rack(1), V_Q_Rack(2), V_Q_Rack(3), V_Q_Rack(4),
V_Q_Rack(5), V_Q_Rack(6), V_Q_Rack(7)
  whose current loads is minimum save as attr_rack_queue
  set this load attr_loc_no to Find_Location(attr_rack_queue)
  if attr_loc_no > 0 then
  begin
    move into Lift:cp_load
    travel to V_Q_Loc(attr_loc_no)
    move into V_Q_Rack(attr_loc_no)
  end
End
/*=============================================================*/
Begin Find_Location function
/*=============================================================*/
  set V_bool_find to 0
  set V_rack_no to 0
  while V_rack_no < 7  and V_bool_find is 0 do begin
    inc V_rack_no by 1
    if V_Q_Rack(V_rack_no) is Arg1 then
    begin
      return V_rack_no
    end
  end
  return 0
End
```

공급망 재고운영 방법 분석

본 장에서는 다단계 공급망(Multi-Stage Supply Chain)에서의 최종수요 형태와 각 Stage에서의 재고운영 정책에 따른 공급망 단계별(Supply Chain Stage) 재고형태를 분석하는 시뮬레이션 모델을 구축하고 그 결과를 분석하는 방법을 구성해보고자 한다.

1 ▲ Simulation 모델 구축절차 및 구성내용

본 분석에서는 아래에 정의된 절차에 따라 Simulation Model을 개별적으로 구축하고, 공급망 단계별 재고운영 형태를 분석하고자 한다.

Step 1) 다단계 형태의 공급망 구조를 정의
Step 2) 각 공급망 단계를 나타내는 Queue를 Drawing
Step 3) 최종수요 특성 및 각 공급망 단계별 재고운영 정책을 설정
Step 4) 시뮬레이션 모델 구축 및 결과분석

다음의 각 단계별로 세부적인 시뮬레이션 모델 구축절차를 상세하게 기술한 내용이다.

Step 1) 다단계 형태의 공급망 구조를 정의

다단계 형태의 공급망상에서의 수요변화에 따른 재고운영 형태를 분석하기

위하여 공급자(Supplier)-생산자(Manufacturer)-도매자(Wholesaler)-소매자(Retailer)-고객(Customer)의 형태로 구성된 공급망을 구성하기로 한다. 즉, 고객의 수요는 소매자의 재고운영 정책에 영향을 주고, 소매자는 도매자에게 영향을 미치는 형태로 최종적으로는 공급자의 재고운영 정책에 영향을 미치는 형태를 갖는 것으로 정의한다. 생산자의 경우는 부품재고와 완제품재고를 분리하여 관리하는 형태로 설정하였다. 즉, 생산자의 완제품 재고수준에 따라서 생산여부를 결정하고 이에 따라서 부품재고가 소진되는 형태를 갖는다.

Step 2) 각 공급망 단계를 나타내는 Queue를 Drawing

본 시뮬레이션 모델에서는 다단계의 공급망 형태를 가정하여 각 단계별 재고운영 정책에 대한 운영결과치를 분석하는 것을 전제로 하였다. 따라서, AutoMod에서는 Process system 외에는 별도의 시스템은 필요하지 않다. 따라서, AutoMod에서 각 공급망 단계별 재고를 나타내는 Queue를 해당하는 단계별로 정의하여 운영할 수 있다. 본 모델에서는 각 공급망 단계를 Queue형태로 정의하여 운영하므

그림 3.1 다단계 공급망 체계를 나타내는 Queue 설정 화면

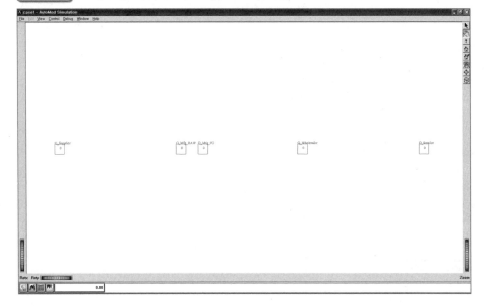

로 Process 시스템에서 각 단계를 나타내는 명칭에 유의하여 5개의 Queue를 구성
하면 되겠다. 즉, 공급자, 생산자(부품재고, 완제품재고), 도매자, 그리고 소매자 각
각에 해당하는 5개의 Queue를 설정하면 된다. 고객의 경우는 Retailer에 해당하는
재고를 소비하는 수요로 간주할 수 있으므로, 실제로는 5개의 Queue만 구성하면
된다.

Step 3) 최종 수요 특성 및 각 공급망 단계별 재고운영 정책을 설정

시뮬레이션 모델의 구성방식을 설정하기 위해선 각 공급망 단계별 재고운
영 policy를 일괄적으로 (R, Q)방식을 운영하는 것으로 가정한다. 각 공급망 단계
는 재발주점(ROP, Re-Order Point)에 해당하는 R값이 설정되어 있고, 주문량(Order
Quantity)에 해당하는 Q값이 정의되어 있다. 즉, 각 공급망 단계는 각각 정의된
(R, Q)운영기준에 의해 현재의 재고수준이 R이하로 떨어진 경우에 Q만큼을 직
전 공급망 단계로 주문을 하여 재고를 보충(Replenishment)하는 형태의 운영방법

그림 3.2   다단계 공급망상에서의 운영재고 형태

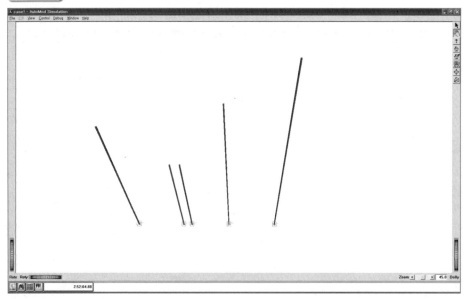

을 택하고 있다. 따라서, 각 공급망 단계에서는 자신의 재고수준을 연속적으로 확인하고 재고수준에 따라 재고운영 정책을 운영하는 방식의 연속점검(Continuous Review Policy)을 운영하고 있는 것으로 설정하였다.

앞서 [그림 3.2]은 공급망 각 단계별 보유하고 있는 재고수준을 나타내는 것으로 부품재고나 완제품 재고를 각 단계에 해당하는 Queue에 쌓이도록 설정한 예시화면이다. 이러한 재고는 시뮬레이션 시간이 경과함에 따라 계속적으로 변화가 발생하게 된다.

Step 4) 시뮬레이션 모델 구축 및 결과분석

앞서 설명된 바와 같이, 본 시뮬레이션 모델에서는 각 공급망 단계의 재고를 나타내기 위하여 Queue를 활용하였다. Queue상에 존재하는 재고는 공급망상의 후단계에서의 제품요청이 발생하는 시점에 주문량을 공급망상의 후단계로 이송해주는 형태를 취하게 된다. 따라서, 이러한 제품요청과 보충의 형태를 나타내기 위하여 OrderList를 추가로 설정하였다. 따라서, 4개의 Queue에 해당하는 4개의 OrderList를 통해서 공급망 단계 간의 제품요청과 보충에 해당하는 운영방식을 나타내고자 하였다. 또한, 각 공급망 단계의 재고는 연속적으로 review하는 것으로 정의하였으므로, 매번 주문이 이루어지는 시점에서 현 재고운영 수준을 확인하여 선행 공급망 단계로부터 제품보충을 받아야 할 것인지를 결정하게 된다. 예를 들어, 소매자로부터의 주문이 발생하는 시점마다 도매자는 자신의 재고운영 수준을 확인하게 되고, 현재의 운영재고수준이 재발주점보다 낮은 경우는 사전 설정된 주문량 만큼을 생산자에게 요청하여 자신의 부족한 재고를 보충하게 된다. 이때, 공급자로의 제품발주여부를 나타내는 기준치인 재발주점 또한 사전에 정의되어 있다. 이러한 연속점검을 표현하는 다른 방법으로는 각 공급망 단계별로 운영재고수준을 확인하는 별도의 독립적인 프로세스를 구성하여 일정간격으로 계속 해당하는 공급망 단계의 운영재고수준을 확인하여 부족할 경우에 재보충작업을 진행하는 방식이다. 시뮬레이션 모델에서는 일정 간격으로 Load를 생성하여 해당하는 공급망 단계의 재고를 확인하고, 재고수준이 기준치보다 큰 경우에는 아무런 action

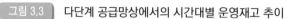

그림 3.3 │ 다단계 공급망상에서의 시간대별 운영재고 추이

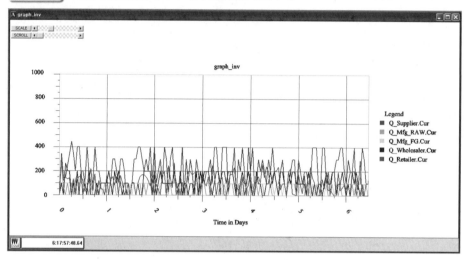

없이 die하도록 하고, 재고수준이 기준치 이하인 경우에는 선행 공급망 단계의 재고를 order하여 현재 단계로 이송하는 process를 추가적으로 진행하면 된다. 이러한 작업들이 연쇄적으로 이루어지면서 공급망 전체의 재고운영 방법에 대한 분석을 진행할 수 있다. 위의 [그림 3.3]에서와 같이, Business graph 기능을 이용하여 각 공급망 단계별 재고수준을 일정주기로 plotting하여, 시간에 따른 재고운영 수준의 변화를 확인해볼 수 있다.

2 ▲ AutoMod® Source Code 구성내용

(1) 시뮬레이션 모델내 시스템 구성체계

본 시뮬레이션 모델에서는 Process system만을 이용하여 모델을 구성하였으므로, 추가적으로 정의되는 system은 사용하지 않는다.

(2) Process 시스템 구성요소

1) Load 정의

Load 정의 일람표

Load type	Load 용도	Load 생성방법

L_CustomerOrder	일정주기로 고객주문을 생성하여 소매자(Retailer)의 완제품 재고를 소진하는 기능을 실행하는 Load	• First Process: ProcCustomerOrder
		• Load발생분포
		  확률분포: Exponential 분포
		  Parameters(시간단위:분):
		  (Mean)= (5)
		• Generation Limit: Infinite

L_FinishedGood	완제품 재고를 나타내는 Load type으로 사용하기 위한 Load 형태	다단계 공급망을 따라 이송되는 완제품을 나타내는 Load type으로 설정

L_ManufacturerOrder	일정주기로 생성하여 생산자(Manufacturer)의 부품 재고수준을 확인하여 재발주점 이하로 재고가 떨어진 경우는 사전정의된 주문량 만큼을 공급자(Supplier)의 부품재고에서 생산자의 부품재고로 이송하는 기능을 수행하기 위한 Load	• First Process:
		  ProcManufacturerOrder
		• Load발생분포
		  확률분포: Exponential 분포
		  Parameters(시간단위:분):
		  (Mean)= (5)
		• Generation Limit: Infinite

L_ProcInit	시뮬레이션 모델이 구동되는 시점에 생성되어 'ProcSetting' 프로세스를 구동하는 기능을 수행하는 Load	• First Process: ProcSetting
		• Load발생분포
		  확률분포: Constant
		  Parameters(시간단위:초):
		  (Mean)= (1)
		• Generation Limit: 1

L_ProductionOrder	일정주기로 생성되어 생산자(Manufacturer)의 완제품 재고수준을 확인하여 재발주점 이하일 경우 사전설정된 주문량만큼을 완제품재고로 변환하는 기능을 수행하는 Load	• First Process: ProcProductionOrder
		• Load발생분포
		  확률분포: Constant
		  Parameters(시간단위:분):
		  (Mean)= (5)
		• Generation Limit: Infinite

L_Raw	부품재고의 형태를 나타내는 Load 형태	공급자와 생산자 사이에 이송되는 부품을 나타내는 Load type으로 설정

L_RetailerOrder	사전 정의된 발생주기를 기준으로 생성되어 소매자(Retailer)의 재고수준을 확인하여 재발주점 이하일 경우 주문량만큼을 도매자(Whole-saler)에게 요청하는 기능을 수행하는 Load	• First Process: ProcRetailerOrder
		• Load발생분포
		  확률분포: Exponential 분포
		  Parameters(시간단위:분):
		  (Mean)= (5)
		• Generation Limit: Infinite

| L_SupplierOrder | 공급자(Supplier)의 부품 재고수준을 확인하여 재발주점 이하일 경우 주문량 만큼을 생성하여 공급자의 부품재고를 증가시키는 기능을 수행하는 Load | • First Process: ProcSupplierOrder
• Load발생분포
  확률분포: Exponential 분포
  Parameters(시간단위:분):
  (Mean)= (5)
• Generation Limit: Infinite |
| L_WholesalerOrder | 도매자(Wholesaler)의 완제품 재고 수준을 확인하여 재발주점 이하일 경우 사전정의된 주문량을 생산자에게 요청하는 주문량만큼을 생성하여 보충하는 기능을 수행하는 Load | • First Process:
ProcWholesalerOrder
• Load발생분포
  확률분포: Exponential 분포
  Parameters(시간단위:분):
  (Mean)= (5)
• Generation Limit: Infinite |

2) Variable 정의

표 3.2 Variable 정의 일람표

Variable명	Variable Type	Dimension	용도
V_Mfg_FG_EOQ	Integer	1	생산자(Manufacturer)의 완제품 주문량을 설정한 변수
V_Mfg_FG_ROP	Integer	1	생산자(Manufacturer)의 완제품 재발주점을 설정한 변수
V_Mfg_Raw_EOQ	Integer	1	생산자(Manufacturer)의 부품주문량을 설정한 변수
V_Mfg_Raw_ROP	Integer	1	생산자(Manufacturer)의 부품 재발주점을 설정한 변수
V_Retailer_EOQ	Integer	1	소매자(Retailer)의 주문량을 설정한 변수
V_Retailer_ROP	Integer	1	소매자(Retailer)의 재발주점을 설정한 변수
V_Supplier_EOQ	Integer	1	공급자(Supplier)의 주문량을 설정한 변수
V_Supplier_ROP	Integer	1	공급자(Supplier)의 재발주점을 설정한 변수
V_Wholesaler_EOQ	Integer	1	도매자(Wholesaler)의 주문량을 설정한 변수
V_Wholesaler_ROP	Integer	1	도매자(Wholesaler)의 재발주점을 설정한 변수

3) Queue 정의

표 3.3   Queue 정의 일람표

Queue명	Dimension	용도
Q_Mfg_FG	1	생산자(Manufacturer)의 완제품재고를 저장하는 Queue로 이용
Q_Mfg_RAW	1	생산자(Manufacturer)의 부품재고를 저장하는 Queue로 이용
Q_Retailer	1	소매자(Retailer)의 완제품재고를 저장하기 위한 Queue로 이용
Q_Supplier	1	공급자(Supplier)의 부품재고를 저장하기 위한 Queue로 이용
Q_Wholesaler	1	도매자(Wholesaler)의 제품재고를 저장하기 위한 Queue로 이용

4) Load Attribute 정의

표 3.4   Load attribute 정의 일람표

Load Attribute명	Attribute Type	Dimension	용도
Order_qty	Integer	1	소매자(Retailer)에게 발생하는 고객주문에 대해서 해당하는 주문량 정보를 저장하는 주문속성으로 이용

5) Process 정의

표 3.5   Process 정의 일람표

Process명	Dimension	용도
ProcCustomerOrder	1	고객주문이 도착할 때마다 고객의 주문량을 uniform 분포를 가정하여 40～60개 사이에서 random하게 생성시킨다. 해당하는 주문량을 Retailer의 재고를 저장하고 있는 Orderlist인 'OL_Retailer'에서 해당하는 개수의 Load만큼 줄여나가는 프로세스이다.
ProcManufacturerOrder	1	생산자의 부품재고가 사전에 설정된 재발주점(ROP) 이하인 경우에 공급자에게 사전에 설정된 주문량(EOQ)만큼을 요청하는 기능을 수행하는 프로세스
ProcProductionOrder	1	생산자의 완제품재고가 사전에 설정된 재발주점(ROP) 이하인 경우에 생산지시에 의해 부품재고 중에서 사전에 설정된 주문량(EOQ)만큼을 완제품재고로 변환시키는 기능을 수행하는 프로세스

ProcRetailerOrder	1	소매자(Retailer)의 현재 재고수준이 사전에 설정된 재발주점(ROP) 이하인 경우 도매자(Wholesaler)의 재고 중에서 사전에 설정된 주문량(EOQ)만큼을 발주하는 기능을 수행하는 프로세스
ProcSetting	1	본 프로세스에서는 다단계 공급망상에서 각 단계별 초기 재고를 임의적으로 설정하기 위해서 구성된 프로세스이다. Process 구현내용에서와 같이, 이 프로세스에서는 크게 두 가지의 Load type을 이용하여 초기재고를 각 단계에 배치하게 된다. 먼저 완제품에 해당하는 'L_FinishedGood'은 Retailer, Wholesaler, Manufacturer의 완제품 재고에 해당하는 Queue와 OrderList로 배치하고, 부품에 해당하는 'L_Raw'는 Supplier와 Manufacturer의 부품재고에 해당하는 Queue와 OrderList에 배치하게 된다.
ProcSupplierOrder	1	공급자(Supplier)의 부품재고가 재발주점 이하일 경우 주문량만큼에 해당하는 부품량만큼을 생성하여 공급자의 재고에 보충하는 기능을 수행하는 프로세스
ProcWholesalerOrder	1	도매자(Wholesaler)의 제품재고가 사전에 설정된 재발주점(ROP)이하일 경우, 사전에 설정된 주문량만큼을 생산자에게 요청하여 해당하는 주문량(EOQ)만큼 제품재고로 보충하는 기능을 수행하는 프로세스
StoreManufacturerOrder	1	생산자가 요청한 주문량만큼을 생산자의 부품재고를 저장하는 Queue와 OrderList에 저장하는 기능을 수행하는 프로세스
StoreProductionOrder	1	생산자의 부품재고에 해당하는 수량만큼을 완제품재고로 변환하여 완제품재고를 저장하는 Queue와 OrderList에 저장하는 기능을 수행하는 프로세스
StoreRetailerOrder	1	소매자(Retailer)가 도매자(Wholesaler)에게 요청한 완제품을 소매자의 제품재고를 저장하는 Queue와 OrderList로 저장하는 기능을 수행하는 프로세스
StoreSupplierOrder	1	공급자(Supplier)에 새롭게 생성되는 부품을 해당하는 Queue와 OrderList로 저장하는 기능을 수행하는 프로세스
StoreWholesalerOrder	1	도매자(Wholesaler)가 생산자(Manufacturer)에게 요청하는 주문량을 도매자의 재고를 저장하는 Queue와 OrderList에 저장하는 기능을 수행하는 프로세스

6) OrderList 정의

표 3.6   OrderList 정의 일람표

OrderList명	Dimension	용도
OL_ManufacturerFG	1	생산자(Manufacturer)의 완제품재고를 저장하는 OrderList로 이용
OL_ManufacturerRaw	1	생산자(Manufacturer)의 부품재고를 저장하는 OrderList로 이용
OL_Retailer	1	소매자(Retailer)의 완제품재고를 저장하기 위한 OrderList로 이용
OL_Supplier	1	공급자(Supplier)의 부품재고를 저장하기 위한 OrderList로 이용
OL_Wholesale	1	도매자(Wholesaler)의 제품재고를 저장하기 위한 OrderList로 이용

7) Function 정의

표 3.7   Function 정의 일람표

Function명	용도
model initialization function	이 함수는 시뮬레이션 시작과 동시에 자동으로 실행되는 함수이다. 따라서, 시뮬레이션에 필요한 각종 초기환경을 설정에 필요한 기능을 이 함수에 정의하면 별도의 기능구현없이도 시뮬레이션 모델 구동과 동시에 이러한 setting작업을 진행할 수 있다.

3 AutoMod® Source Code

```
/*================================================================*/

Begin model initialization function

/*================================================================*/

    set V_Supplier_ROP to 100

    set V_Mfg_Raw_ROP to 100

    set V_Mfg_FG_ROP to 100
```

```
    set V_Wholesaler_ROP to 200
    set V_Retailer_ROP to 100

    set V_Supplier_EOQ to 400
    set V_Mfg_Raw_EOQ to 500
    set V_Mfg_FG_EOQ to 500
    set V_Wholesaler_EOQ to 500
    set V_Retailer_EOQ to 500

return true
End


/*=============================================================*/
Begin ProcSetting arriving procedure
/*=============================================================*/
    set this load type to L_FinishedGood
    clone u 400, 100 loads to StoreRetailerOrder
    clone u 400, 100 loads to StoreWholesalerOrder
    clone u 400, 100 loads to StoreProductionOrder

    set this load type to L_Raw
    clone u 400, 100 loads to StoreManufacturerOrder
    clone u 400, 100 loads to StoreSupplierOrder
End


/*=============================================================*/
Begin ProcCustomerOrder arriving procedure
/*=============================================================*/
set this load order_qty to u 50, 10
print "Customer order arrives : Order quantity", order_qty to message
```

order this load order_qty loads from OL_Retailer to die
End


```
/*==============================================================*/
```
Begin ProcRetailerOrder arriving procedure
```
/*==============================================================*/
```
  if OL_Retailer current loads < V_Retailer_ROP then
  begin
    print "Replenish Retailer's Inventory", OL_Retailer current loads to message
    order V_Retailer_EOQ loads from OL_Wholesaler to StoreRetailerOrder
  end
End


```
/*==============================================================*/
```
Begin StoreRetailerOrder arriving procedure
```
/*==============================================================*/
```
  move into Q_Retailer
  wait to be ordered on OL_Retailer
End


```
/*==============================================================*/
```
Begin ProcWholeSalerOrder arriving procedure
```
/*==============================================================*/
```
  if OL_Wholesaler current loads < V_Wholesaler_ROP then
  begin
    print "Replenish Wholesaler's Inventory", OL_Wholesaler current loads to message
    order V_Wholesaler_EOQ loads from OL_ManufacturerFG to StoreWholesalerOrder
  end
End

```
/*===============================================================*/

Begin StoreWholesalerOrder arriving procedure
/*===============================================================*/

   move into Q_Wholesaler
   wait to be ordered on OL_Wholesaler
End



/*===============================================================*/

Begin ProcProductionOrder arriving procedure
/*===============================================================*/

   if OL_ManufacturerFG current loads < V_Mfg_FG_ROP then
   begin
      print "Replenish Manufacturer's Inventory", OL_ManufacturerFG current loads to
message
      order V_Mfg_FG_ROP loads from OL_ManufacturerRaw to StoreProductionOrder
   end
End



/*===============================================================*/

Begin StoreProductionOrder arriving procedure
/*===============================================================*/

   set this load type to L_FinishedGood
   move into Q_Mfg_FG
   wait to be ordered on OL_ManufacturerFG
End



/*===============================================================*/

Begin ProcManufacturerOrder arriving procedure
/*===============================================================*/

   if OL_ManufacturerRaw current loads < V_Mfg_Raw_ROP then
```

```
  begin
      print "Replenish Manufacturer's Raw materials", OL_ManufacturerRaw current
loads to message
      order V_Mfg_Raw_ROP loads from OL_Supplier to StoreManufacturerOrder
  end
End


/*==============================================================*/
Begin StoreManufacturerOrder arriving procedure
/*==============================================================*/
  move into Q_Mfg_RAW
  wait to be ordered on OL_ManufacturerRaw
End


/*==============================================================*/
Begin ProcSupplierOrder arriving procedure
/*==============================================================*/
  set this load type to L_Raw
  if OL_Supplier current loads < V_Supplier_ROP then
  begin
      print "Replenish Supplier's Inventory", OL_Supplier current loads to message
      clone V_Supplier_EOQ loads to StoreSupplierOrder
  end
End


/*==============================================================*/
Begin StoreSupplierOrder arriving procedure
/*==============================================================*/
  move into Q_Supplier
  wait to be ordered on OL_Supplier
End
```

물류센터 운영 효율성 분석

본 장에서는 물류센터의 가상 Layout을 대상으로 물류센터의 운영 효율성을 위해서 Simulation분석을 통해 검증하고자 한다.

1 Simulation 모델 구축절차 및 구성내용

본 분석에서는 아래에 정의된 절차에 따라 Simulation Model을 개별적으로 구축하고, 동일한 performance measure를 이용하여 Layout 효율성을 비교분석하였다.

Step 1) 물류센터 Layout 구성 도면 확보
Step 2) 물류센터내 제품저장Rack 제원치에 따른 저장시설 Drawing작업
Step 3) 해당 저장공간 제원치에 의한 저장개소 정의 및 Drawing
Step 4) 저장 위치별 Forklift 정지위치 Drawing
Step 5) 입고작업 및 출하작업의 발생 pattern 설정(Interval time, 작업물량 등)
Step 6) 입/출고 작업 구현을 위한 저장위치 선정 및 출하제품 선정 Logic 구성
Step 7) Layout 효율성 측정을 위한 Performance Measure 정의 및 구현

다음의 각 단계별로 세부적인 시뮬레이션 모델 구축절차를 상세하게 기술한 내용이다.

Step 1) 물류센터 Layout 구성 도면 확보

그림 4.1 AutoMod® 시스템상에서 표현된 Layout Dimension

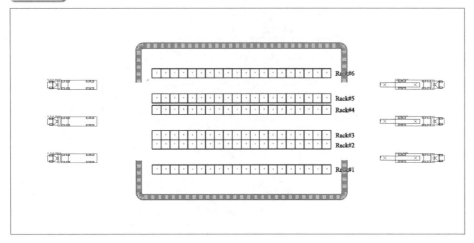

Step 2) 물류센터내 제품저장Rack 제원치에 따른 저장 Rack Drawing작업

그림 4.2 저장 Rack이 적용된 시뮬레이션 모델(3D View)

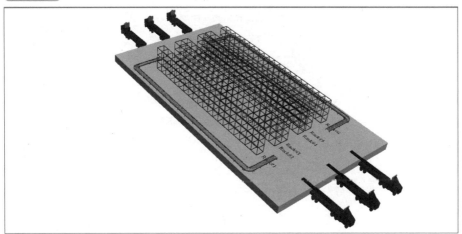

Step 3) 해당 저장공간 제원치에 의한 저장개소 정의 및 Drawing

그림 4.3　개별 저장장소가 표현된 물류센터 내부공간(3D View)

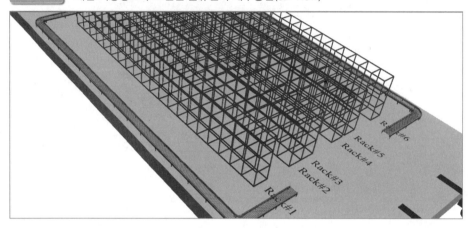

Step 4) 저장 위치별 Forklift 정지위치 Drawing

그림 4.4　저장위치에 해당하는 운반기기의 작업위치 구현결과(Top View)

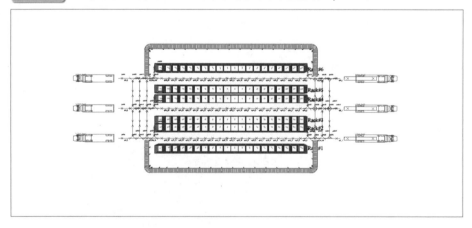

Step 5) 입고작업 및 출하작업의 발생 pattern 설정(Interval time, 작업물량 등)

■ 물류센터내 입고차량의 도착간격(Inter-arrival time), 입고차량에서 하화되
는 제품수량, 출고작업지시의 발생간격(Time Between Orders), 출고 Order
당 출고제품수량 등을 설정하여 출고작업과 입고작업이 병행하여 독립적
으로 진행되도록 한다.

Step 6) 입/출고 작업 구현을 위한 저장위치 선정 및 출하제품 선정 Logic 구성

■ 제품의 입고위치와 출고제품 선정은 random하게 설정될 수 있도록 정의
하였다. 즉, 개별제품의 저장위치는 물류센터내에 위치한 모든 저장 개소
중에서 제품이 적재되어 있지 않은 저장 개소 중에서 random하게 선정
하였다. 또한, 출고제품은 현재 물류센터내에 저장되어 있는 제품 중에

그림 4.5　구성된 물류센터내에서의 제품저장 및 이송형태 Screen Shot

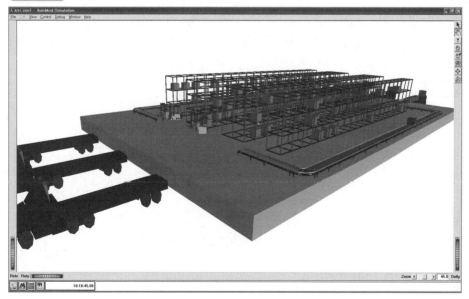

서 임의적으로 random하게 선정하는 방법을 취하였다. 즉, 제품저장위치
선정방법은 random storage policy로 구현하였고, 또한 출하대상제품도
random selection policy를 적용하였다.

■ 시뮬레이션 초기시점에 물류센터내에 저장되어 있는 초기 재고설정을 위
하여 시뮬레이션 구동시점에 임의의 저장재고를 생성하여 해당하는 물류
센터의 저장개소에 random하게 배치되도록 한다.

Step 7) Layout 효율성 측정을 위한 Performance Measure 정의 및 구현

■ 본 분석에서는 Layout의 효율성을 물량처리능력, 운영능력의 효율적 운영
및 물류설비의 가동률, 물량처리능력의 관점에서 평가할 수 있다.

■ 입/출고 dock을 기준으로 random storage/selection policy를 적용하는 가
정하에 layout의 효율성은 저장공간의 가용성, 입고대기물량 수준, 출고실
적, 제품 운반장비의 가동률 및 제품운반장비의 총 이동거리 등을 설정하
여 비교할 수 있다.

본 시뮬레이션 모델에서는 5의 Forklift가 제품의 입고 및 출고작업을 수행하
는 것으로 가정하였다. 5의 forklift는 제품의 입고작업 및 출고작업을 동시에 수행

그림 4.6 시뮬레이션 모델 운영 구조

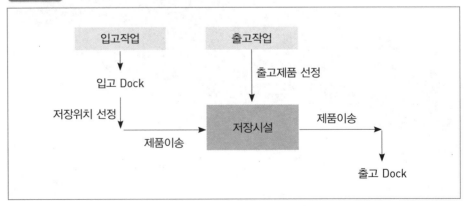

할 수 있는 것으로 가정하였고, 제품운반작업(입고, 출고 관련)에 투입되는 forklift 지정은 휴지상태(Idle status)에 있는 forklift를 우선적으로 선정한다. 또한, 입고/출고 작업이 동시에 발생할 경우, 작업수행 priority는 해당하는 작업이 발생한 시점의 우선순위에 따라 설정한다. 즉, Forklift에 할당되는 작업은 현재 미처리된 작업(입고, 출고 작업 포함) 중에서 작업요청시각이 빠른 순서대로 처리되는 것으로 가정하였다.

아래의 [그림 4.7]에 나타나 있는 통계치는 시간의 흐름에 따른 5대의 Forklift 각각에 대해서 Idle 비율을 나타내는 통계치이다. 그림에서와 같이, "Percent_Parking"은 AutoMod에서 자동으로 지원해주는 통계치로서, 시뮬레이션 수행기간 중에서 Forklift가 아무런 움직임이나 작업없이 정지상태로 대기하였던 시간의 점유율을 나타내는 통계치이다. 이를 통해서 5대 forklift 간의 작업부하율의 편차나 가동부하를 검증해볼 수 있다.

그림 4.7   시뮬레이션 결과의 Business Graphics 출력형태

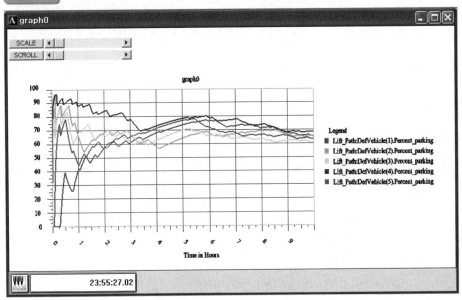

2 ▲ AutoMod® Source Code 구성내용

(1) 시뮬레이션 모델내 시스템 구성체계

표 4.1   시뮬레이션 모델을 구성하는 시스템 일람표

시스템 명	시스템 속성	시스템 구성용도
Rack1	Static System	• 물류센터내 저장 Rack을 시각적으로 나타낸 Rack Image를 나타낸 Static System. • 동일 Static System을 6개 Rack형태로 별도로 구성한 예제임.
Rack2		
Rack3		
Rack4		
Rack5		
Rack6		
Lift_Path	Path Mover System	• 제품의 입/출고작업을 처리하는 Fork Lift의 작업동선을 나타내기 위해 적용된 Path Mover 시스템
Floor	Static System	• 물류센터의 바닥을 나타내기 위한 Static System
Conv_Dispatch	Conveyor System	• Cross-Docking형태로 입/출고 작업이 진행되는 Conveyor Belt를 적용하기 위한 Conveyor 시스템
Unload_Conv		• 입고차량에서 물류센터로 이송되는 간이 Conveyor Belt를 표현하기 위한 Conveyor System

(2) Process 시스템 구성요소

1) Load 정의

표 4.2   Load 정의 일람표

Load type	Load 용도	Load 생성방법
L_InPallet	• 물류센터에 입고되는 제품을 시각적으로 표현하기 위한 Pallet모양의 Load type	• 입고작업시에 Load의 모양을 "L_InPallet"으로 변환하여 표현
L_Incoming	• 물류센터로 입고되는 제품을 나타내는 Load로 정의됨. • 입고와 동시에 이 Load의 모양은 변경되어 나타남. - 입고후 출고되는 제품은 L_InPallet으로 변경되어 나타남(저장후 출고지시가 생성되면 L_OutPallet으로 다시 변경됨). - 입고와 동시에 직출하되는 제품은 L_OutPallet으로 변경됨.	• First Process: Proc_Warehouse_IncomingDemand • Load발생분포 확률분포: Triangular 분포 Parameters(시간단위:분): (Min., Peak, Max.)= (2, 4, 6) • Generation Limit: Infinite

L_Init	• 시뮬레이션 구동시에 필요한 각종 초기 정보를 setting하기 위해서 하나의 가상 load를 임의로 생성하여 "Warehouse_Init" Process로 실행하기 위함.	• First Process: Proc_Warehouse_Init • Load발생분포 확률분포: Constant Parameters(시간단위:초): 1 • Generation Limit: 1
L_OutPallet	• 물류센터에서 출고되는 제품을 나타내기 위한 Pallet형태의 Load type	• 출고작업시에 Load의 모양을 "L_OutPallet"으로 변환하여 표현
L_Outgoing	• 물류센터에 입고된 제품을 기준으로 출고 작업을 진행하기 위하여 출고지시를 의미하는 Load type으로 이용	• First Process: Proc_Warehouse_OrderSelect • Load발생분포 확률분포: Triangular 분포 Parameters(시간단위:분): (Min., Peak, Max.)= (2, 4, 6) • Generation Limit: Infinite
L_Stat	• 분석에 필요한 각종 시뮬레이션 정보를 통계 table화하기 위하여 주기적으로 Load를 생성하여 통계치를 집계하기위한 Load type	• First Process: Proc_Statistics_Gathering • Load발생분포: 확률분포: Constant Parameters(시간단위:초): 5 • Generation Limit: Infinite

2) Variable 정의

표 4.3 Variable 정의 일람표

Variable명	Variable Type	Dimension	용도
V_bool_find	Integer	1	저장위치정보를 저장하고 있는 Variable을 이용하여 검색대상이 되는 저장위치 검색완료여부를 나타내는 변수임. 해당하는 값이 0인 경우는 검색 중인 경우를 의미하고, 그 값이 1인 경우는 검색이 완료된 경우를 나타낸다.
V_find_floor	Integer	1	[함수Ftn_stack_index_rack에서 사용] Rack내 하나의 층에는 총 20개의 저장위치가 존재하는 것으로 가정하였고, 20개의 저장위치 중에 세부위치를 나타내는 variable
V_find_loc	Integer	1	[함수Ftn_stack_index_rack에서 사용] 각 rack별로 3단의 rack층 중에서 검색 중인 층을 나타내는 variable
V_find_rack	Integer	1	[함수Ftn_stack_index_rack에서 사용] 6개의 rack 중에서 검색 중인 rack번호를 나타내는 variable

V_floor_no	Integer	1	[함수Ftn_stack_index_rack에서 사용] 검색대상인 Queue의 저장층(floor) 번호
V_lift_count	Integer	1	시뮬레이션 시작과 동시에 Forklift별로 일련번호를 부여하기 위한 변수
V_loc	Integer	6,3,20	해당하는 저장공간의 제품적치 여부를 관리하기 위한 변수. 즉, 해당저장공간에 제품이 적치된 경우는 '1'의 값을 갖고, 해당적치공간에 제품이 없는 경우는 '0'의 값을 갖는다.
V_loc_no	Integer	1	[함수Ftn_stack_index_rack에서 사용] 검색대상인 Queue의 저장위치 번호
V_rack_no	Integer	1	[함수Ftn_stack_index_rack에서 사용] 검색대상인 Queue의 저장Rack번호
V_rack_olist	OrderListPtr	6,3,20	Queue와 일치되게 정의된 Orderlist에 대한 정보를 저장하기 위한 Variable
V_rack_path	Location	6,3,20	Path mover system으로 정의된 "Lift_path"에 해당하는 control point정보를 저장하는 Variable. 저장위치와 일치되는 Forklift이동위치를 설정하기 위해 사용됨.
V_rack_stack	QueuePtr	6,3,20	Rack의 저장위치별로 정의된 Queue정보를 저장하기 위한 Variable.
V_selected_queue	QueuePtr	1	[함수 Ftn_Location_Selection에서 사용] 해당함수에서 적치된 제품이 가장 작은 저장위치를 선택하여 그 결과를 저장하는 변수. 이 변수의 값은 해당 함수의 return값으로 이용한다.

3) Queue 정의

표 4.4   Queue 정의 일람표

Queue명	Dimension	용도
Q_Wait_Rec	3	3곳의 입고 dock으로 입고된 제품들이 저장되기 전에 임시적으로 적치되는 공간을 나타내는 Queue로 사용
Q_Rack11	20	1번째 Rack의 1층에 해당하는 저장공간을 나타내는 Queue로 사용
Q_Rack12	20	1번째 Rack의 2층에 해당하는 저장공간을 나타내는 Queue로 사용
제품 저장위치에 해당하는 Rack에 대한 정의는 중간 생략		
Q_Rack63	20	6번째 Rack의 3층에 해당하는 저장공간을 나타내는 Queue로 사용

[설명] 본 시뮬레이션 모델에서는 제품이 저장되는 Rack내의 저장위치를 3단계로 구분관리하고 있다. 예를 들어, "Q_Rack11"은 본 시뮬레이션 모델에서 임의적으로 설정한 6개의 Rack 중에서 1번 Rack의 1층을 의미한다. 해당하는 1번 Rack의 1층에는 총 20개의 저장위치가 존재한다. 따라서, "Q_Rack11"의 Dimension이 20으로 설정되어 있다. 추가적으로, "Q_Rack63"은 6번째 Rack의 3층을 의미하고, 동일하게 총 20개의 저장공간이 있는 것으로 설정하였다.

4) Load Attribute 정의

표 4.5 Load attribute 정의 일람표

Load Attribute명	Attribute Type	Dimension	용도
Rack_no	Integer	1	제품이 저장될 Rack 번호를 저장하는 속성치
Fllor_no	Integer	1	제품이 저장될 층/단 번호를 저장하는 속성치
Loc_no	Integer	1	제품이 저장될 위치 번호를 저장하는 속성치
A_queptr	QueuePtr	1	해당하는 제품이 저장될 Queue 정보를 저장하는 속성치
Shipping_type	Integer	1	출고작업 형태를 설정하는 속성치로서 해당하는 값이 '1'인 경우는 직출하(Direct Shipment)를 진행하는 경우이고, '2'인 경우는 센터내 저장후 출고지시에 의해서 출하되는 경우를 의미한다.
Residence_time	Real	1	입고작업이 완성된 제품에 대해서 일정시간동안 대기하도록 하기 위해서 생성하는 시각 정보. 입고되는 제품마다 서로 다른 체류시간 특성치를 지님.
Demand_type	Integer	1	세 군데 입고 dock 중에서 해당하는 dock을 부여하기 위해서 임의적으로 Demand_type값을 부여하여 입고 route를 설정하기 위해 사용하는 속성치
Destination_type	Integer	1	출하작업 형태를 구성하기 위해서 가상적으로 생성되는 출하작업 방법을 지정하는 속성치
Lift_index	Integer	1	각 forklift별로 호기 정보를 부여하기 위한 속성 정보
Start_incoming	Time	1	해당하는 제품의 입고작업이 시작된 시각 정보
Finish_incoming	Time	1	해당하는 제품의 입고작업이 완료된 시각 정보
Start_shipping	Time	1	해당하는 제품에 대해서 출고지시가 생성된 경우에 한해서 출고작업이 시작된 시각정보
Finish_shipping	Time	1	출고지시가 생성된 경우에 한해서 출고작업이 완료된 시각정보

5) Process 정의

표 4.6   Process 정의 일람표

Process명	Dimension	용도
Proc_Statistics_gathering	1	주기적으로 시뮬레이션 모델에서 생성되는 통계치를 집계하기 위한 process로 운영
Proc_Warehouse_DirectShip	1	물류센터에 입고된 제품 중에서 직출하(Direct Shipment)가 필요한 제품을 처리하는 process로 운영
Proc_Warehouse_IncomingDemand	1	물류센터로 도착한 제품속성을 지정하는 프로세스로 이 프로세스를 마틴 Load는 Proc_Warehouse_Receive 프로세스를 진행한다.
Proc_Warehouse_Init	1	시뮬레이션 모델이 실행되는 시점에 시뮬레이션에 필요한 모든 관련 정보를 초기화 하는 process로 운영
Proc_Warehouse_OrderSelect	1	출고작업대상이 되는 적치제품을 선택하는 프로세스. 즉, 물류센터내에 저장되어 있는 제품에 대해서 출고지시를 생성하는 프로세스임.
Proc_Warehouse_Receive	3	물류센터에 도착한 제품들에 대해서 입고작업을 진행하는 작업단계를 구현한 프로세스. 해당하는 프로세스의 dimension은 3으로 설정하고, 입고된 각 제품은 이 숫자에 따라서 사용하는 입고되는 위치를 Conveyor Belt상에서 구분하여 전용하게 된다.
Proc_Warehouse_Shipping	1	출고지시가 생성된 제품에 대해서 foklift를 이용하여 제품을 출고하는 작업을 나타낸 프로세스

6) Table 정의

표 4.7   Table 정의 일람표

Table명	Dimension	용도
Tbl_incoming_time	1	제품입고작업시작에서 완료까지 소요된 시간을 분석하기 위해 구성된 table
Tbl_shipping_time	1	제품출고작업시작에서 종료까지 소요된 시간을 분석하기 위해 구성된 table
Tbl_space_use	1	일정 시간 간격으로 전체 적치가능 공간 중에서 현재 사용 중인 적치공간개수를 통계치로 분석하기 위해 구성된 table

▸ 7) Counter 정의

표 4.8 Counter 정의 일람표

Resource명	Dimension	용도
C_lift_ticket	1	Forklift사용될 때마다 Counter를 증가시키고, 작업이 종료되면 Counter를 감소시킨다. Counter를 사용한 이유는 입고된 제품이 제한된 대수의 forklift를 사용해야 함에 따라 forklift를 일종의 token으로 간주하여 설정하였다. 이를 통해서 입고된 제품이 forklift의 서비스를 위해 대기하는 시간이나 가동률 등을 추가적으로 분석할 수 있다.

8) OrderList 정의

표 4.9 OrderList 정의 일람표

OrderList명	Dimension	용도
OL_Rack11	20	"Q_Rack11"에 해당하는 OrderList로 사용함
OL_Rack12	20	"Q_Rack12"에 해당하는 OrderList로 사용함
제품 저장위치에 해당하는 Rack에 대한 정의는 중간 생략		
OL_Rack63	20	"Q_Rack63"에 해당하는 OrderList로 사용함

[설명] 본 시뮬레이션 모델에서는 물류센터로 입고된 제품은 일시적으로 저장되었다가 출고지시가 발생하면 그 시점에 출고작업이 진행되도록 구성하였다. 따라서, 저장된 제품을 holding하였다가 불출하는 형태를 구현하기 위해서 Order List를 각 queue와 일치하게 적용하였다.

3 ▲ AutoMod® Source Code

```
/*================================================================*/

Begin Proc_Warehouse_Init arriving procedure
/*================================================================*/

    set V_rack_path(1,1,1)  to "Lift_Path:cp12_1"
    set V_rack_stack(1,1,1) to "Q_Rack11(1)"
    set V_rack_olist(1,1,1) to "OL_Rack11(1)"


    set V_rack_path(1,1,2)  to "Lift_Path:cp12_2"
    set V_rack_stack(1,1,2) to "Q_Rack11(2)"
    set V_rack_olist(1,1,2) to "OL_Rack11(2)"


    set V_rack_path(1,1,3)  to "Lift_Path:cp12_3"
    set V_rack_stack(1,1,3) to "Q_Rack11(3)"
    set V_rack_olist(1,1,3) to "OL_Rack11(3)"


    set V_rack_path(1,1,4)  to "Lift_Path:cp12_4"
    set V_rack_stack(1,1,4) to "Q_Rack11(4)"
    set V_rack_olist(1,1,4) to "OL_Rack11(4)"


    set V_rack_path(1,1,5)  to "Lift_Path:cp12_5"
    set V_rack_stack(1,1,5) to "Q_Rack11(5)"
    set V_rack_olist(1,1,5) to "OL_Rack11(5)"


/*------------------------------------------------*/
               중간 생략
/*------------------------------------------------*/


set V_rack_path(6,3,16) to "Lift_Path:cp56_16"
```

```
set V_rack_stack(6,3,16) to "Q_Rack63(16)"
set V_rack_olist(6,3,16) to "OL_Rack63(16)"

set V_rack_path(6,3,17) to "Lift_Path:cp56_17"
set V_rack_stack(6,3,17) to "Q_Rack63(17)"
set V_rack_olist(6,3,17) to "OL_Rack63(17)"

set V_rack_path(6,3,18) to "Lift_Path:cp56_18"
set V_rack_stack(6,3,18) to "Q_Rack63(18)"
set V_rack_olist(6,3,18) to "OL_Rack63(18)"

set V_rack_path(6,3,19) to "Lift_Path:cp56_19"
set V_rack_stack(6,3,19) to "Q_Rack63(19)"
set V_rack_olist(6,3,19) to "OL_Rack63(19)"

set V_rack_path(6,3,20) to "Lift_Path:cp56_20"
set V_rack_stack(6,3,20) to "Q_Rack63(20)"
set V_rack_olist(6,3,20) to "OL_Rack63(20)"
End


/*================================================================*/
Begin Proc_Warehouse_DirectShip arriving procedure
/*================================================================*/
  travel to Lift_Path:cp_rec_out
  move into Conv_Dispatch:Sta_Rec_Out
  travel to Conv_Dispatch:Sta_Ship_In
  set this load lift_index to 3
  move into Lift_Path:cp_ship_in
  travel to Lift_Path:cp2_2
End
```

```
/*==============================================================*/

Begin Proc_Warehouse_IncomingDemand arriving procedure
/*==============================================================*/

    set this load demand_type to oneof(1:1, 1:2, 1:3)
    move into Q_WaitRec(demand_type)

    if this load demand_type is 1 then
    begin
       move into Unload_Conv:sta1_1
       travel to Unload_Conv:sta1_2
    end

    if this load demand_type is 2 then
    begin
       move into Unload_Conv:sta2_1
       travel to Unload_Conv:sta2_2
    end

    if this load demand_type is 3 then
    begin
       move into Unload_Conv:sta3_1
       travel to Unload_Conv:sta3_2
    end

    /*wait until Conv_Dispatch:sec8 total < 5 */
    send to Proc_Warehouse_Receive(demand_type)
End
```

```
/*================================================================*/
Begin Proc_Warehouse_Receive arriving procedure
/*================================================================*/
    set this load shipping_type to oneof(1:1, 4:2)
    /* 1: direct shipment, 2: temporary storage*/
    move into Q_Virtual_queue(demand_type)

    if this load shipping_type is 1 then
    begin
      set this load type to L_OutPallet
      send to Proc_Warehouse_DirectShip
    end


    /*------------------------------------------------------*/
    inc C_lift_ticket by 1


    /*------------------------------------------------------*/
    if destination_type is 4 then
    begin
        move into Lift_Path:cp_rec_in
    end
    else
    begin
      if procindex is 1 then
      begin
        move into Lift_Path:cp1_1
      end

      if procindex is 2 then
      begin
```

```
        move into Lift_Path:cp2_1
    end

    if procindex is 3 then
    begin
        move into Lift_Path:cp3_1
    end
end

set this load start_incoming to ac

/*-----------------------------------------------------*/
set A_queptr to Ftn_Location_Selection()
set this load rack_no to stack_index_rack(1, A_queptr)
set this load floor_no to stack_index_rack(2, A_queptr)
set this load loc_no to stack_index_rack(3, A_queptr)
/*-----------------------------------------------------*/
set this load type to L_InPallet
travel to V_rack_path(rack_no, floor_no, loc_no)
/*-----------------------------------------------------*/
while V_rack_stack(rack_no, floor_no, loc_no) remaining space is 0 do
begin
    print "search other locations: " to message
    set V_loc(rack_no, floor_no, loc_no) to 1
    set A_queptr to Location_Selection()
    set this load rack_no to Ftn_stack_index_rack(1, A_queptr)
    set this load floor_no to Ftn_stack_index_rack(2, A_queptr)
    set this load loc_no to Ftn_stack_index_rack(3, A_queptr)
    travel to V_rack_path(rack_no, floor_no, loc_no)
end
```

```
/*---------------------------------------------------------*/
move into V_rack_stack(rack_no, floor_no, loc_no)
set this load finish_incoming to ac
tabulate finish_incoming - start_incoming in Tbl_incoiming_time
/*---------------------------------------------------------*/
set this load residence_time to uniform 5, 2
wait for residence_time hr
dec C_lift_ticket by 1
wait to be ordered on V_rack_olist(rack_no, floor_no, loc_no)
End



/*=================================================================*/
Begin Ftn_stack_index_rack function
/*=================================================================*/
set V_find_rack to 0
set V_bool_find to 0
while V_find_rack < 6  and V_bool_find is 0 do begin
        inc V_find_rack by 1
        set V_find_floor to 0
        while V_find_floor < 3  and V_bool_find is 0 do  begin
                inc V_find_floor by 1
                set V_find_loc to 0
                while V_find_loc <20  and V_bool_find is 0 do begin
                        inc V_find_loc by 1
                        if V_rack_stack(V_find_rack, V_find_floor, V_find_loc) is
                Arg_queueptr then
                begin
                        set  V_rack_no to V_find_rack
                        set  V_floor_no to V_find_floor
```

```
                    set  V_loc_no  to V_find_loc
                    set  V_bool_find to 1
                end
            end
        end
    end

    if Arg_type_no is 1 then
    begin
      return V_rack_no
    end

    if Arg_type_no is 2 then
    begin
      return V_floor_no
    end

    if Arg_type_no is 3 then
    begin
      return V_loc_no
    end

      return 0
End
```

/*===*/

Begin Ftn_Location_Selection function

/*===*/

choose a queue from among

Q_Rack11(1),Q_Rack11(2),Q_Rack11(3),Q_Rack11(4),Q_Rack11(5),Q_Rack11(6),

Q_Rack11(7),Q_Rack11(8),Q_Rack11(9)Q_Rack11(10), Q_Rack11(11),Q_Rack11(12),
Q_Rack11(13),Q_Rack11(14),Q_Rack11(15),Q_Rack11(16), Q_Rack11(17),Q_Rack11(18),
Q_Rack11(19), Q_Rack11(20),
/*---*/
            중간 생략
/*---*/

Q_Rack63(1),Q_Rack63(2),Q_Rack63(3),Q_Rack63(4),Q_Rack63(5),Q_Rack63(6),
Q_Rack63(7),Q_Rack63(8),Q_Rack63(9),Q_Rack63(10),Q_Rack63(11),Q_Rack63(12),
Q_Rack63(13),Q_Rack63(14),Q_Rack63(15),Q_Rack63(16), Q_Rack63(17),Q_Rack63(18),
Q_Rack63(19),Q_Rack63(20)
whose current loads is minimum save choice as V_selected_queue
return V_selected_queue
End

/*===*/
Begin Proc_Warehouse_OrderSelect arriving procedure
/*===*/
   choose a queue from among
Q_Rack11(1), Q_Rack11(2), Q_Rack11(3), Q_Rack11(4), Q_Rack11(5),
Q_Rack11(6), Q_Rack11(7), Q_Rack11(8), Q_Rack11(9), Q_Rack11(10),
Q_Rack11(11), Q_Rack11(12), Q_Rack11(13), Q_Rack11(14), Q_Rack11(15),
Q_Rack11(16), Q_Rack11(17), Q_Rack11(18), Q_Rack11(19), Q_Rack11(20),
/*---*/
            중간 생략
/*---*/

Q_Rack63(1), Q_Rack63(2), Q_Rack63(3), Q_Rack63(4), Q_Rack63(5),
Q_Rack63(6), Q_Rack63(7) , Q_Rack63(8), Q_Rack63(9), Q_Rack63(10),

Q_Rack63(11), Q_Rack63(12), Q_Rack63(13), Q_Rack63(14), Q_Rack63(15),
Q_Rack63(16), Q_Rack63(17), Q_Rack63(18), Q_Rack63(19), Q_Rack63(20)
whose average time is maximum save choice as A_queptr

```
/*----------------------------------------------------*/
set V_find_rack to 0

set V_bool_find to 0

while V_find_rack < 6  and V_bool_find is 0 do begin
    inc V_find_rack by 1
    set V_find_floor to 0

    while V_find_floor < 3  and V_bool_find is 0 do  begin
        inc V_find_floor by 1
        set V_find_loc to 0

        while V_find_loc <20  and V_bool_find is 0 do begin
            inc V_find_loc by 1
            if V_rack_stack(V_find_rack, V_find_floor, V_find_loc) is A_queptr then
            begin
                set this load rack_no to V_find_rack
                set this load floor_no to V_find_floor
                set this load loc_no  to V_find_loc
                set V_bool_find to 1
            end
        end
    end
end
/*----------------------------------------------------*/
```

order 1 load from V_rack_olist(rack_no, floor_no, loc_no) to Proc_Warehouse_ Shipping

End

```
/*================================================================*/
```
Begin Proc_Warehouse_Shipping arriving procedure
```
/*================================================================*/
    set this load type to L_OutPallet
    set this load start_shipping to ac
    set this load destination_type to oneof(33:1, 33:2, 33:3, 1:4)
    set V_loc(rack_no, floor_no, loc_no) to 0
    move into V_rack_path(rack_no, floor_no, loc_no)

    if this load destination_type is 4 then
    begin
        travel to Lift_Path:cp_ship_out
        move into Conv_Dispatch:Sta_Ship_Out
        travel to Conv_Dispatch:Sta_Rec_In
        send to Proc_Warehouse_Receive(demand_type)
    end

    if this load destination_type is 1 then
    begin
        travel to Lift_Path:cp1_2
    end

    if this load destination_type is 2 then
    begin
```

```
      travel to Lift_Path:cp2_2
   end

   if this load destination_type is 3 then
   begin
      travel to Lift_Path:cp3_2
   end

   set this load finish_shipping to ac
   tabulate finish_shipping - start_shipping in Tbl_shipping_time
End
```

/*===*/
Begin Lift_Path initialization function
/*===*/

```
   increment V_lift_count by 1
   set theVehicle lift_index to V_lift_count
   return true
End
```

/*===*/
Begin Lift_Path work ok function
/*===*/

```
   if theVehicle lift_index is 3 then
   begin
      if theLoad type is L_OutPallet then
         return true
   end
```

```
    return true
End




/*================================================================*/

Begin Proc_Statistics_Gathering arriving procedure

/*================================================================*/

    set total_space to 0
    set V_find_rack to 0
    while V_find_rack < 6 do begin
        inc V_find_rack by 1
        set V_find_floor to 0


        while V_find_floor < 3   do  begin
            inc V_find_floor by 1
            set V_find_loc to 0


            while V_find_loc <20  do begin
                inc V_find_loc by 1
                inc total_space by V_rack_stack(V_find_rack, V_find_floor, V_find_
                loc)current loads
            end
        end
    end
    /*------------------------------------------------*/
    tabulate total_space in Tbl_space_use
End
```

참고문헌 Reference

Arun Jayaraman and Arun Agarwal(1996), Simulating an Engine Plant, *Proceeding of Manufacturing Engineering*.

Lisa Patvivatsiri(2006), A Simulation Model for Bioterrorism Preparedness in an Emergency Room, *Proceedings of the 2006 Winter Simulation Conference*.

이의형, 박양병(2006), L -마트 통과형 물류센터의 운영개선을 위한 시뮬레이션 분석, Journal of the Korean Society of Supply Chain Management, Vol. 6, No. 2, pp.11~26, December 2006.

황흥석, 조규성(2002), 시뮬레이션방법을 이용한 물류센터의 피킹 및 재보충설비의 능력 산정, 대학산업공학회/한국경영과학회, 2002 춘계공동학술대회.

황흥석, 조규성(2003), 시뮬레이션방법을 이용한 냉장물류센터 운반설비의 적정계획, IE Interfaces, Vol. 16, Special Edition, pp. 105~110, December 2003.

영문 색인

A

Add After 135, 142
Add Before 135, 142
Adjacent Aisle Width 141
Aisle 140
Aisle Width 141
Auxiliary SRM 145

B

Bay 134, 137
Bay Depth 141
Bay Length 135
Bay Width 141
Block 61, 180, 182
Bridge Crane 시스템 133
Bridge Height 135
Bring up 45
Business Graphics 91
Busy state 43

C

Call Subroutine 80
Choose 183, 191
Claim 64
Clone 202
Connected 103, 122
Continuous 102
Control Point 111, 167
Conveyor System 163, 178
Counter 70, 180, 182, 217
Crane Capacity 137
Crane Start List 138

Crane Type 137

D

Decrement 69, 72, 73, 74

E

Events 161

F

Fillet 104, 121
Function 74, 77, 190, 201, 223, 224

I

Idle state 43
Increment 69, 72, 73, 74
Input parameters 76

K

Kinematic System 173

L

Labels 83
Load 37, 152, 180, 188, 197, 212
Load Activation List 113
Load Attribute 39, 42, 55, 70, 181, 199, 215
Load Pick Up Time 127, 138, 144
Load Search List 114
Load Set Down Time 128, 138, 144
Load type 39, 41, 55

한글 색인

김 태 복

現) 인천대학교 동북아물류대학원 교수

POSTECH 산업경영공학과(학사, 석사, 박사) 졸업

공군사관학교 산업공학과 교관 및 전임강사(공군학사장교 91기) 근무

포스코 생산기획실, IE팀, 공정개선팀 근무

삼성전자 경영지원총괄 경영혁신팀 SCM그룹 근무

물류시뮬레이션
AutoMod® 활용방법을 중심으로

초판인쇄	2013년 12월 26일
초판발행	2014년 1월 10일
지은이	김태복
펴낸이	안종만
편 집	우석진 · 배근하
기획/마케팅	강상희
표지디자인	홍실비아
제 작	우인도 · 고철민
펴낸곳	(주)박영사
	서울특별시 종로구 평동 13-31번지
	등록 1959.3.11. 제300-1959-1호(倫)
전 화	02)733-6771
f a x	02)736-4818
e-mail	pys@pybook.co.kr
homepage	www.pybook.co.kr
ISBN	979-11-303-0045-0 93320

정 가 19,000원